rororo Mit Kindern leben

Zu diesem Buch

Mit den Elternbüchern von Ulrich Diekmeyer, Standardwerken der Ratgeberliteratur, finden Eltern leicht durch den alltäglichen Erziehungsdschungel. Wissenschaftlich fundiert, dabei leicht verständlich, geben die Bücher Auskunft über alles, was Eltern wissen sollten, damit das Familienleben liebevoll und zur Zufriedenheit aller funktioniert. Sie helfen den Eltern, Sicherheit im Umgang mit den Kleinen zu entwickeln, und sorgen dafür, dass der Nachwuchs einen guten Weg ins Leben findet.

Aus dem Inhalt

Körper: Größe und Gewicht, Impfungen, Arzt und Zahnarzt
Umwelt: Spielplätze, soziales Verhalten, Fernsehen, Spielkreise
Psychische Entwicklung: Selbständigkeit, Partnerschaft,
Alleinerziehende, berufstätige Eltern
Erziehung: Erziehungsklima, Taschengeld, Begabung
Spielen: Gestaltungsspiele, didaktische Spiele

Mit praktischem Lernspielprogramm

Ulrich Diekmeyer

Das Elternbuch 5

**Unser Kind im
fünften Lebensjahr**

Rowohlt Taschenbuch Verlag

Herausgegeben von Bernd Gottwald

Redaktion Barbara Wirt

3. Auflage April 2007

Vollständig überarbeitete und erweiterte Neuausgabe
Veröffentlicht im Rowohlt Taschenbuch Verlag,
Reinbek bei Hamburg, März 2000
Copyright © 1973/1992/2000 by Ulrich Diekmeyer/
Rowohlt Taschenbuch Verlag, Reinbek bei Hamburg
Umschlaggestaltung Büro Hamburg, Susanne Reizlein
(Foto: Heidi Velten, Kunterbunt)
Satz Syntax und Minion PostScript, QuarkXPress 4.04
Gesamtherstellung Clausen & Bosse, Leck
Printed in Germany
ISBN 978 3 499 60855 1

Inhalt

Einführung

Es ist ein großer Unterschied, ob ein Kind allein im Sand spielt oder mit anderen. Spielkameraden bedeuten füreinander Anregung, Ansporn und Gemeinschaftsgefühl: Zusammen sind wir stark!

Freunde machen
Ihr Kind selbständig

Wie im Flug sind die ersten Lebensjahre Ihres Kindes vergangen. Die Fotos des Ein- und Zweijährigen scheinen ein ganz anderes Kind zu zeigen als das, welches Sie jetzt vor sich sehen.

Und in zwei bis zweieinhalb Jahren wird es sogar schon zur Schule gehen! Wie schon die früheren Elternbücher will Ihnen auch dieser Band dabei helfen, das neue Lebensjahr zur optimalen Förderung der Entwicklung zu nutzen. Dabei geht es nicht nur um die Vermittlung von Wissen, sondern um die Entwicklung der gesamten Persönlichkeit des Kindes. Andernfalls – also wenn dem Kind nur Lerninhalte angeboten würden – könnte bald eine erhebliche Frustration auftreten, die auch die besonders erwünschten Leistungen beeinträchtigen könnte. (Leistung wird hier als ein weiter Begriff aufgefasst. Es sind damit nicht nur intelligente Leistungen gemeint; auch die

schrittweise Beherrschung der eigenen Gefühle oder das aktive Zugehen auf die Umwelt sind Leistungen in diesem Sinn.)

Ziel der Elternbuch-Reihe ist also eine altersgemäße Anregung und Förderung der kognitiven Fähigkeiten (Wahrnehmen, Denken, Kreativität, Handeln u. a.), der körperbezogenen Fertigkeiten, des sozialen Verhaltens sowie schließlich der psychischen Instanz, die alle diese Verhaltens- und Erlebnisweisen integriert – des Ich.

Diese allgemeine Entwicklungsförderung wird vor allem durch das Lernspielprogramm erreicht (es ist besonders dann wichtig, wenn Ihr Kind jetzt noch keinen Kindergarten besucht). Es bietet Anregungen, Spiele, Aufgaben und Übungen über das ganze Jahr und für jeden Tag an. Das Programm soll Ihrem Kind Spaß machen, es soll dabei Erfolge und Anerkennung erleben und seine Fortschritte erkennen können. Denken Sie bei allen Anregungen, bei jeder Art von Förderung und Erziehung auch daran, dass Sich-Entwickeln und Lernen keine Prozesse sind, die gleichförmig und mit gleicher Geschwindigkeit bei allen Kindern ablaufen. Unterschiede bis zu acht Monaten zwischen Kindern dieses Alters, vor allem, wenn sie sich auf einzelne Entwicklungs- und Lernbereiche beziehen, sind durchaus als normal zu bezeichnen. Ist allerdings die gesamte Entwicklung verzögert, sprechen Sie sowohl mit einem Arzt als auch mit einem Kinderpsychologen darüber, und bitten Sie gegebenenfalls auch um eine eingehende Untersuchung. Je früher ausgleichende Maßnahmen begonnen werden, je besser sie auf die Situation des Kindes abgestimmt angeboten werden, desto eher können evtl. vorhandene Entwicklungsrückstände ausgeglichen werden. Bei einem deutlichen Entwicklungsvorsprung in einigen Bereichen sollten Sie umgekehrt darauf achten, dass die anderen Bereiche nicht unverhältnismäßig weit zurückbleiben.

Weiterhin enthält der Band im ersten Teil Informationen zu Bereichen, die als wichtige Rahmenbedingungen die kindliche Entwicklung mitbestimmen. Dazu gehört

seine körperliche Entwicklung ebenso wie das Angebot auf Spielplätzen, des Fernsehens und spezieller Kurse, an denen Sie Ihr Kind teilnehmen lassen können.

Das Buch informiert Sie ferner über den Normalverlauf der psychischen Entwicklung und die speziellen Erziehungsaufgaben dieses Lebensjahres, über die Entstehung von Wertvorstellungen, der Leistungsmotivation und über die sexuelle Entwicklung des Kindes.

Ebenfalls zu den Rahmenbedingungen der Entwicklung zählt Ihr persönliches Verhalten in der Erziehung, die Art, wie Sie Ihr Kind anleiten. Die Familiensituation und das Verhalten der beiden Elternteile zueinander besitzen für das Kind Modellcharakter und beeinflussen es intensiv.

Zwei Aspekte der kindlichen Entwicklung werden wegen ihrer besonderen Bedeutung hervorgehoben: die emotional-affektive Entwicklung des Kindes und die Ausbildung seiner Beziehungen zu anderen Kindern. In den Jahren von 1970 bis 1982 wurde bei der Diskussion um die Vorschulerziehung der Schwerpunkt vor allem auf die kognitive Entwicklung gelegt. Man sprach fast nur noch über die För-

und -fähigkeit sowie die Förderung der emotionalen und sozialen Verhaltensweisen.

Es ist wissenschaftlich erwiesen, dass zwischen kognitiver, emotionaler und sozialer Förderung kein Gegensatz bestehen muss. Emotionale Förderung beispielsweise hindert nicht die kognitive Entwicklung und umgekehrt. Emotionales Erleben und Verhalten bedeutet ja keineswegs unreflektiertes Handeln. Im Gegenteil: Wer sich zum Beispiel auf einen anderen Menschen einstellen will, muss vor allem dessen Situation und Probleme erkennen können. Das differenzierte Wahrnehmen der Gefühle des anderen ist jedoch weitgehend auch eine kognitive Leistung. Das anschließende Handeln erfordert dann sowohl kognitives als auch emotionsgeleitetes Verhalten: Durch Mimik, Gestik, Tonfall usw. zeigt man dem Partner seine Gefühle, Einstellungen, Interessen und Bewertungen.

derung der intellektuellen Leistungsfähigkeiten und -bereitschaften des Kindes. Denn bis zu diesem Zeitpunkt schien es überflüssig, Kinder auch in den ersten vier Lebensjahren in diesem Sinne anzuregen. So erhielt in den Vorschuljahren diese Förderung ein Übergewicht im Vergleich zur Anregung anderer Persönlichkeitsbereiche. Vertreter der Kindergartenpädagogik standen und stehen dieser Entwicklung skeptisch bis ablehnend gegenüber. Sie betonen vor allem die Anregung der Spielbereitschaft

Diese das Sprechen begleitenden Ausdrucksweisen wurden vor allem durch das Verhalten der Eltern gegenüber dem Kind in den ersten Lebensjahren geprägt. Der nonverbale Ausdruck verdeutlicht das Gesagte für das Kind. Umgekehrt können auch Worte eine Geste verdeutlichen. Zärtlichkeiten der Eltern für

das Kind sollten ruhig von entsprechenden Worten begleitet sein.

Neben dieser emotionalen Zuwendung benötigt das Kind – besonders das Einzelkind – nun zunehmend soziale Erfahrungen. Durch konstante gefühlsbetonte Zuwendung lernt das Kind, emotionale Gestik zu verstehen, auf sich zu beziehen, und gewinnt daraus Selbstvertrauen. Wenn es einen Kindergarten besucht, ist dafür hinreichend gesorgt.

Wenn Ihr Kind zunächst keinen guten Freund oder keine gute Freundin findet, sollten Sie sich in der Nachbarschaft nach einem Kind im passenden Alter umsehen. Scheuen Sie sich nicht, mit den Eltern dieses Kindes offen über Ihre Absicht zu sprechen. Die Vorteile liegen auf der Hand: Ihr Kind findet einen Spielgefährten, mit dem es häufig zusammen sein kann. Beim Spielen mit ihm lernt es (ohne besonderen Aufwand oder erzieherische Bemühungen) sehr verschiedene soziale Verhaltensweisen. Es geht auf die Wünsche des anderen Kindes ein, es erfährt, wie und wann es möglich ist, die eigenen Interessen zu verwirklichen und wie man sich auch abgekürzt

verständigen kann, wenn man sich besser kennt. Selbständigkeit, Initiative, Mitdenken usw. sind weitere Verhaltensweisen, die dabei eingeübt werden.

Natürlich sollte Ihr Kind zunächst mit verschiedenen Kindern Erfahrungen sammeln, bevor sich eine richtige Freundschaft entwickelt. Es kann auch vorkommen, dass es sich ausgerechnet einem Kind zuwendet, das Ihnen nicht sympathisch ist (bzw. wahrscheinlich eher sein Elternhaus). Bei der Entscheidung darüber, ob Sie diesen Kontakt unterstützen oder nicht, gilt es, verschiedene Aspekte zu bedenken, zum Beispiel zur voraussichtlichen Dauer der Freundschaft (baldiger Umzug?, ein anderer Einschulungsbezirk?), zum Altersunterschied, die Kontaktmöglichkeiten zu den Eltern des Kindes betreffend oder die Frage, wie groß der tatsächliche Einfluss des Kindes auf Ihr eigenes ist bzw. wer wen mehr beeinflusst. Wenn die Freundschaft bereits intensiv ist, könnte ein Abbruch durch Sie eine sehr große Enttäuschung für Ihr Kind bedeuten. Sie sollten in einem solchen Fall möglichst behutsam Einfluss auf diese Freundschaft ausüben.

Praktische Hinweise

Thematischer Überblick

Im Mittelpunkt eines jeden Bandes der Elternbuch-Reihe stehen die Entwicklungsanregungen (Bände 1 bis 3) bzw. das Lernspielprogramm für das Vorschulalter (Bände 4 bis 6). Im Übrigen werden in jedem Band einzelne Themenbereiche schwerpunktartig betont, die dann in den anderen Bänden kürzer behandelt werden oder darin gar nicht vorkommen. In den Bänden 4 bis 6 finden Sie die folgenden Schwerpunkte:

- Elternbuch 4: Kindergarten; Elterninitiativen; Verhaltensauffälligkeiten und -störungen.
- Elternbuch 5: Erziehungsmethoden; Fernsehen; Kurse für Kinder; Auskunft und Hilfe in besonderen Situationen.
- Elternbuch 6: Schulreife und Einschulung; elterliches Verhalten in Problemsituationen; Leitbilder der Gesellschaft im Hinblick auf Erziehung und Bildung; neue Formen außerfamiliärer Betreuung; Erziehung und Bildung.

Was Sie noch wissen sollten

Hier noch einige praktische Tipps für den Gebrauch dieses Buches: Machen Sie es sich zur Regel, das Elternbuch 5 mehrmals in der Woche zur Hand zu nehmen. Lesen Sie die Kapitel, die Sie gerade besonders interessieren. Es ist nicht notwendig, dass Sie das Buch in einem Zug intensiv durchlesen. Aber legen Sie es an einen Platz, den Sie täglich im Blickfeld haben. Und denken Sie daran, das Lernspielprogramm regelmäßig durchzuführen.

Noch ein Hinweis: Dieses Buch wendet sich an Mütter und Väter in gleicher Weise. Jeder von Ihnen sollte sich mit Erziehungsfragen auseinander setzen und sich bei der Förderung der Entwicklung intensiv beteiligen. In der Regel spreche ich Sie ganz persönlich an. Damit sind meistens beide Elternteile, Vater und Mutter, gemeint. Fast alle Aufgaben, Spielanregungen und Beschäftigungen können ja von beiden Elternteilen übernommen werden.

Für die sprachlich-logisch nicht konsequente, aber vielleicht ausgewogene Entscheidung, nicht immer nur die weibliche Form bei Berufsgruppen zu verwenden, sondern auch die kürzere männliche, bitte ich um Verständnis. Der Einfachheit halber schreibe ich in der Regel von Erzieherinnen und Lehrerinnen einerseits und von Ärzten und Kindertherapeuten andererseits.

Die erste Fassung der Elternbuch-Reihe wurde bereits in den siebziger Jahren entwickelt, seither erfolgten mehrere Überarbeitungen und Aktualisierungen. Von vielen Kindern und Erwachsenen habe ich Anregungen aufgreifen können, und ich danke allen sehr herzlich dafür!

Besonders ist auch den Kindern und Eltern zu danken, die sich für Fotoaufnahmen zur Verfügung gestellt haben! Die Überarbeitungen, die natürlich dem Verlag immer wieder Arbeit gemacht haben, besonders auch Frau Wirt, die die redaktionelle Bearbeitung umsichtig und genau übernommen hat – besten Dank dafür –, wurden notwendig wegen des stetigen Wandels unserer Gesellschaft, teilweise auch wegen neuer wissenschaftlicher Erkenntnisse.

Die größere Differenzierung der Gesellschaft, die Berücksichtigung der verschiedenen Familienformen im Einzelnen und der Regionen innerhalb des deutschen Sprachraums können im Elternbuch 5 aufgrund des beschränkten Raums nur angeschnitten werden – die Übertragung der Zielsetzungen und der wesentlichen Inhalte auf Ihre Lebenssituation wird Ihnen jedoch sicher keine größeren Schwierigkeiten bereiten. Wenn Sie dem Autor eine wichtige Anregung weiterleiten möchten, die bei einer Neuauflage berücksichtigt werden sollte, schreiben Sie bitte an den Verlag – schon jetzt dafür herzlichen Dank!

Eine Bitte: Denken Sie daran, dass Ihr Kind später gern einmal in die Vergangenheit zurückblickt. Führen Sie deshalb ein Tagebuch mit Fotos, für das Sie wenigstens jedes Vierteljahr einmal versuchen sollten, einige wichtige Entwicklungsschritte Ihres Kindes festzuhalten: Körpergröße und -gewicht, seine Fähigkeiten und Fertigkeiten, einige lustige oder besondere Erlebnisse, welche Freunde und Freundinnen Ihr Kind hat, was sie zusammen spielen usw. Gute Bilder zur Illustration zu machen, ist nicht schwierig. Und falls Ihnen gerade keine besonderen Bildideen einfallen, können Sie immer noch nachsehen, was die Fotografen für Band 5 eingefangen haben.

Ein Kind gut erziehen heißt mitfühlen, mitdenken und beim Handeln von den Bedürfnissen und Möglichkeiten des Kindes ausgehen: Wenn das Elternbuch 5 dazu beiträgt, hat es sein Ziel erreicht.

Der Körper des Kindes

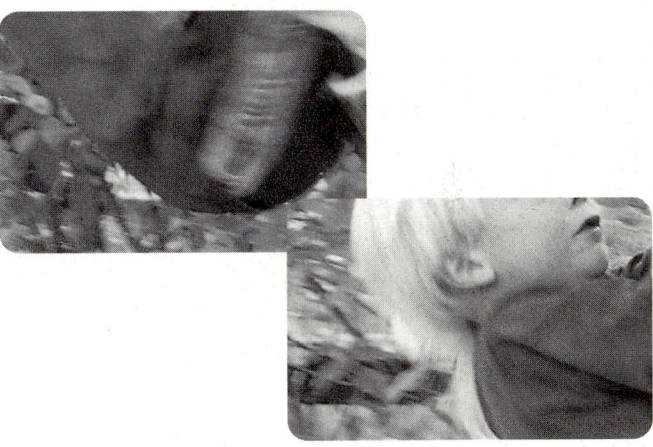

Kinder wollen nun schon oft gezielt körperliche Leistungen voll-bringen: sich anstrengen und ein Ziel erreichen. Lukas kämpft gegen die Schwerkraft. Er will dort hinauf! Ob der Ast das aushält?

So verändert sich der Körper
im fünften Lebensjahr

Größe und Gewicht

Zu Beginn dieses Lebensjahres beträgt die Körpergröße bei Jungen etwa 105 cm und am Ende des Jahres 112 cm (acht Zentimeter Differenz liegen durchaus im Normalbereich). Mädchen wachsen in dieser Zeit von etwa 103,3 cm auf 110,5 cm. Das Körpergewicht erhöht sich bei Jungen von etwa 16,7 kg auf 18,8 kg, das der Mädchen von 16,3 kg auf 17,9 kg, je nach Art der Ernährung, der psychischen und physischen Verfassung und der körperlichen Betätigungen des Kindes.

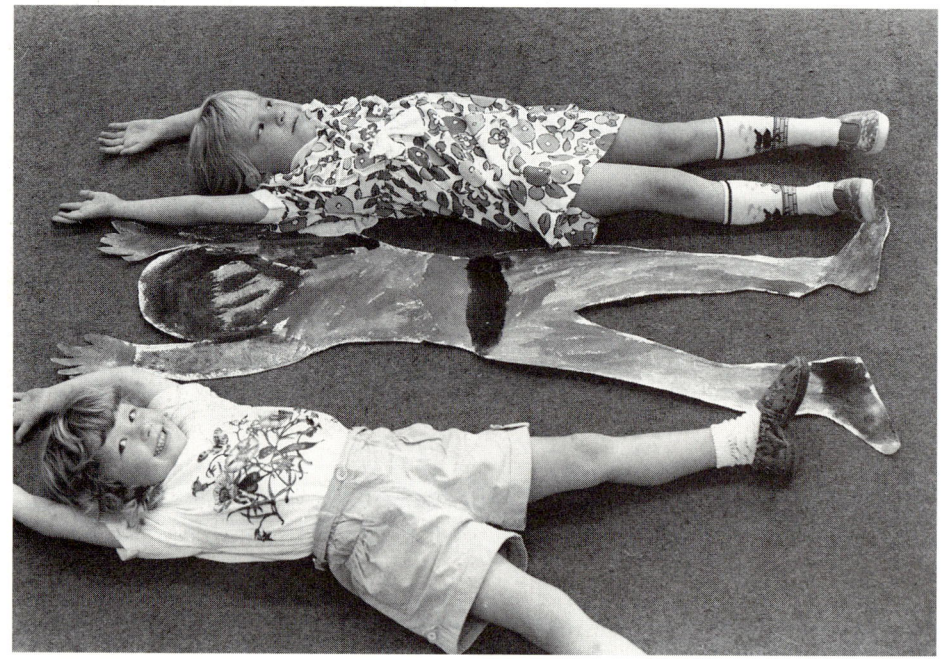

Die wirksamste Erholung für das Nervensystem ist der Schlaf. Das durchschnittliche Schlafbedürfnis Ihres Kindes liegt jetzt zwischen 10,5 und 12,5 Stunden. Ein bis zwei Stunden können dabei auf den Mittagsschlaf entfallen. Der Leistungshöhepunkt des Kindes liegt in den ersten Vormittagsstunden.

Entwicklung der Grob- und Feinmotorik

Das Kind lernt seinen Körper immer besser kennen, kann seine Körperteile benennen und sie immer bewusster einsetzen. Es klettert, turnt und springt noch viel herum, bevorzugt dabei aber zunehmend Geräte, z. B. Klettergerüste und Schaukeln auf Spielplätzen, Fahrrad, Inline-Skater, Schlitten, Ski. Es kann einen Weg (vorgezeichnet oder mit einem Seil gelegt) genau beachten und beim Laufen, Hüpfen und Springen verschiedene Geschwindigkeiten und Rhythmen einhalten.

Auch die Entwicklung der Feinmotorik nimmt durch die vielen Betätigungen des Kindes (Basteln, Malen, Zeichnen usw.) immer mehr zu und führt zur notwendigen Kräftigung und Übung der Handmuskulatur, die später für das Schreiben

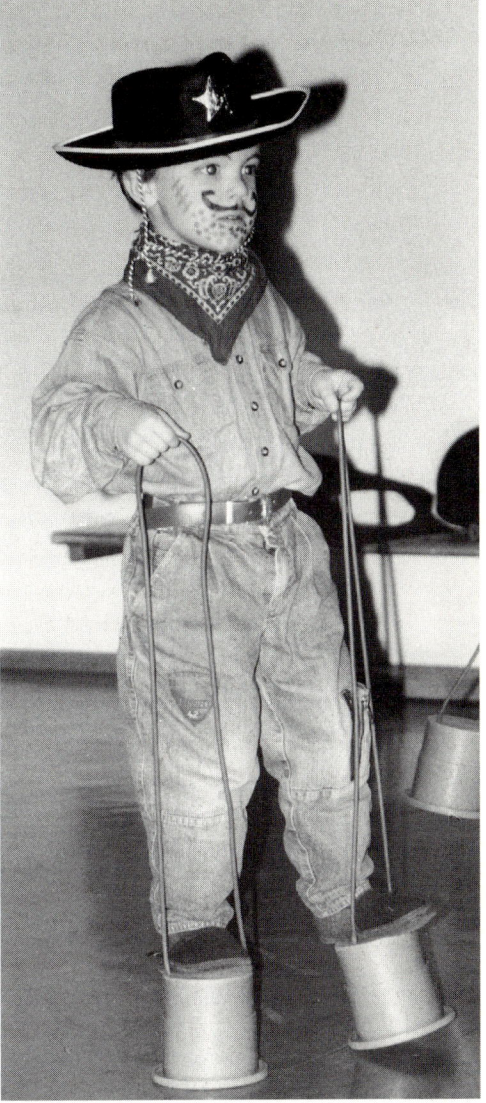

wichtig ist. Das Zusammenspiel von Auge und Hand spielt dabei eine entscheidende Rolle und sollte deshalb durch entsprechende Angebote gezielt gefördert werden.

Impfbuch und Notfallausweis

Wichtige Daten zur Gesundheitskontrolle Ihres Kindes halten Sie schriftlich entweder im internationalen Impfpass (Herausgeber Weltgesundheitsorganisation – WHO) oder als Internationale Bescheinigung über Impfungen und Impfbuch (Herausgeber: Grünes Kreuz) fest. Letzteres Heftchen wird als Zertifikat international anerkannt, es entspricht zugleich § 16 des Bundesseuchengesetzes und ist deshalb besonders zu empfehlen. Darin werden alle Impfungen eingetragen. Ein Notfallausweis ist in diesem Heftchen enthalten, unter anderem mit Angaben von Name und Adresse des Trägers, Blutgruppe, Tetanus-Impfungen mit Datum, möglichen Allergien, Hinweisen auf Diabetes, Krämpfe usw.

Nach- und Auffrischungsimpfungen

Bestimmt wurden die Impfdaten Ihres Kindes ordnungsgemäß notiert. Ist das Kind einmal wegen Krankheit oder aus anderen Gründen von einer Impfung zurückgestellt worden, so sollten Sie jetzt an entsprechende Nachimpfungen denken. Fragen Sie Ihren Arzt nach eventuell notwendigen Auffrischungsimpfungen. Der Impfplan kann nach dem Ermessen des Arztes geändert werden, er muss jedoch wissen, welche Impfungen früher durchgeführt wurden.

Keine Angst vor Arzt
und Krankenhaus

Arzt- und Zahnarztbesuch

Sicher waren Sie schon mehrmals mit Ihrem Kind beim Arzt (Kinderarzt, Hausarzt). Trotzdem zeigt es vielleicht eine gewisse Scheu oder gar Angst vor dem Mann oder der Frau «im weißen Kittel». Vielleicht hat es die Erfahrung gemacht, dass zum Beispiel das Piken mit einer Spritze beim Impfen wehtun kann, oder es hat die Unruhe anderer ängstlicher Kinder im Wartezimmer übernommen. Mit etwas Umsicht und Planung können Sie Ihrem Kind den Arztbesuch erleichtern:

▸ Lange Wartezeiten können Sie häufig durch vorherige Anmel-

dung und eine genaue Terminabsprache vermeiden. Nehmen Sie jedoch für den Fall, dass Sie länger warten müssen, ein geeignetes Spielzeug mit oder lesen Sie mit Ihrem Kind ein anregendes Bilderbuch (keine Illustrierte; keine Bonbons). Beschäftigen Sie sich mit Ihrem Kind!

▸ Helfen Sie Ihrem Kind, seine Angst zu überwinden, indem Sie ihm einige Hilfeleistungen des Arztes erklären, zum Beispiel: Eine Impfung verhütet das Auftreten schwerer Krankheiten. Oder: Ein Gipsverband ermöglicht die Heilung durch absolute Ruhigstellung. Sie können Ihr Kind auch im Spiel ausprobieren lassen, wie ein Verband, z. B. am Handgelenk, wirkt.

▸ Den Besuch beim Zahnarzt erlebt Ihr Kind vielleicht zum ersten Mal. Wenn Sie selbst einmal zu einer Routineuntersuchung müssen, sollten Sie deshalb die Gelegenheit nutzen, Ihr Kind mit dem Zahnarzt, seinem Behandlungszimmer und seinen Instrumenten vertraut zu machen. Erklären Sie ihm den Vorgang des Bohrens und seine Notwendigkeit.

▸ Sprechen Sie mit Ihrem Kind im Zusammenhang mit dem Arzt- oder Zahnarztbesuch auch über Gesundheit und Vorbeugung:

Karies zum Beispiel kann weitgehend durch die tägliche Zahnpflege verhindert werden. Mit einer elektrischen Zahnbürste – einem sinnvollen technischen Hilfsmittel – macht Ihrem Kind das Zähneputzen sicher Spaß.

An das Tragen einer Zahnklammer zur Zahnregulierung brauchen Sie im Augenblick noch nicht zu denken. Der Zahnarzt wird aber vielleicht jetzt schon die spätere Notwendigkeit erkennen und bei der weiteren Behandlung berücksichtigen bzw. bei Bedarf zu Beginn des Zahnwechsels einen Kieferorthopäden hinzuziehen.

Krankenhausaufenthalt

Auf einen möglichen Krankenhausaufenthalt sollten Sie Ihr Kind vorbereiten:

▸ Machen Sie sich zunächst selbst klar, dass Sie Ihr Kind ins Krankenhaus geben, weil Sie das Notwendige und Beste für das Kind tun wollen, und versuchen Sie, dementsprechend diese Situation ruhig und ausgeglichen zu meistern.

▸ Am günstigsten wäre es, wenn Sie mit Ihrem Kind zusammen stationär aufgenommen werden könnten. Die Übernahme der

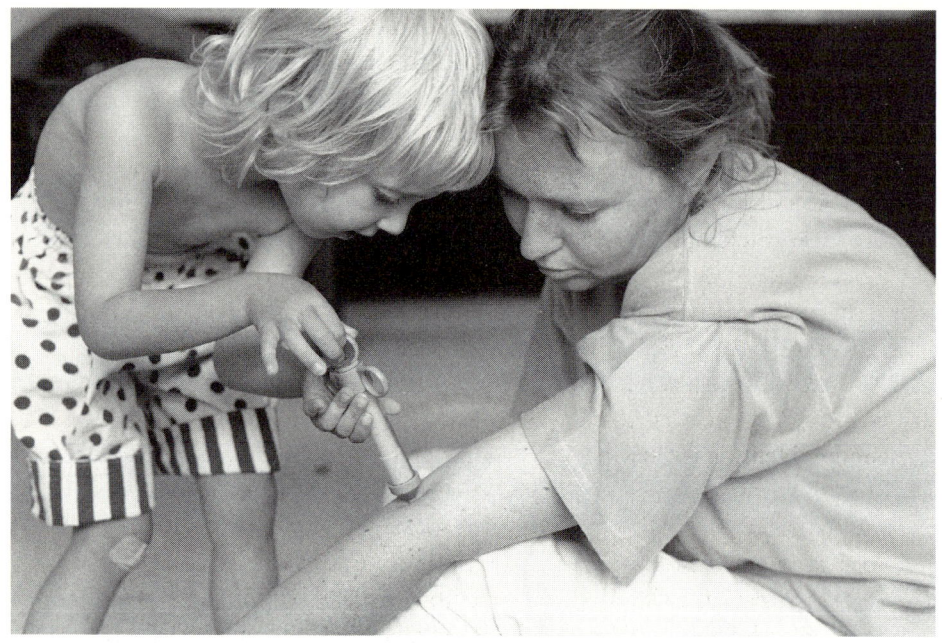

Pflegetätigkeit und gemeinsame Spiele würden dazu beitragen, mögliche Ängste Ihres Kindes zu verringern oder gar nicht erst aufkommen zu lassen.

▶ Erzählen Sie Ihrem Kind vorher, wie es im Krankenhaus aussieht – dass dort noch andere kranke Kinder sind, dass Ärzte und Schwestern alles versuchen, damit es schnell wieder gesund wird, dass es auch dort Spielmöglichkeiten (manchmal auch einen Kindergarten) finden wird und dass Sie es natürlich oft besuchen werden (Termine ausmachen!).

▶ Wenn jemand im Krankenhaus liegt, den Sie gut kennen, können Sie zur Vorbereitung des eigenen Aufenthalts Ihr Kind vielleicht auch mal zu einem Besuch mitnehmen (vorher Rücksprache mit der Stationsleitung nehmen!).

▶ Suchen Sie – mit Ihrem Kind zusammen – beim Einkaufen oder zu Hause folgende Dinge aus und packen Sie diese gemeinsam ein: geeignetes Spielzeug für die Beschäftigung im Bett; das Kuscheltier oder die Puppe, die es auch sonst mit ins Bett nimmt; zwei Lieblingsschlafanzüge; einen kleinen Toilettenbeutel mit

den notwendigen Pflege-
artikeln; Bade- oder
Morgenmantel; Handtücher;
Unterwäsche; Hausschuhe.

Ein Kind dieses Alters versteht in
der Regel noch nicht, dass Krank-
sein bedeuten kann: keine Schokolade, Fiebermessen, nicht herumtoben, sondern im Bett bleiben, auf
das Spiel mit Freunden verzichten
usw. Die Regeln, denen das Kind
während der Heilung unterworfen
wird, begreift es oft nicht; es protes-
tiert oder langweilt sich. Die besondere Zuwendung der Eltern ist daher in dieser Situation äußerst
wichtig. Dazu gehört auch, dass Sie
telefonischen Kontakt mit Ihrem
Kind halten, wenn Sie nicht bei ihm
im Krankenhaus sein können. Rufen Sie bevorzugt zu einer Zeit an,
zu der Sie bei dringendem Bedarf
ins Krankenhaus fahren können.

Gesprächsthema
Krankheitsfall

Anlässlich der täglich wiederkeh-
renden Situationen wie Hände-wa-
schen vor dem Essen, warme Kleidung bei Kälte, vielseitige Ernährung, Zahn- und Körperpflege
können Sie Ihrem Kind vorbeugend
die Möglichkeiten und Gefahren
von Erkrankungen verdeutlichen.

Auch Gespräche über die im Krank-
heitsfall erforderlichen Maßnahmen, wie die Einnahme von Medizin oder Blutabnahme zur Ursa-
chenfindung, helfen Ihrem Kind zu
einem besseren Verständnis. Lassen
Sie es sich auch im Spiegel genau
betrachten, sowohl wenn es gesund
ist, als auch wenn es eine sichtbare
Erkrankung hat, z. B. Windpocken.
So kann das Kind den Verlauf und
den Heilungsprozess mitverfolgen
und das Ende der Krankheit ab-
sehen.

Drei Indianer haben sich in der Baukunst ihres Stammes geübt.
Die Farben für indianische Malerei stehen schon bereit. Fast kosten-
los ergibt sich so lang dauernde Aktivität und fesselndes Spiel.

Spielplätze – Aktionsräume für Kreativität

Noch immer fehlen in der Bundesrepublik Deutschland an manchen Stellen geeignete Spielflächen und -plätze, und nach wie vor werden Kinder und Jugendliche bei der Planung in Städten, Gemeinden und Siedlungen zu wenig berücksichtigt. Dabei sind attraktive Spielplätze notwendiger denn je, seit unsere Industriegesellschaft den Raum für Kinder immer mehr eingeengt hat. Selbst fortschrittliche Architekten, die sich bei ihren Entwürfen redlich Mühe geben, bringen nicht selten eher ästhetische Gesichtspunkte als die Bedürfnisse der Kinder in die Planung ein.

Anforderungen an einen Kinderspielplatz

Ein idealer Spielplatz muss für Kinder jeden Alters die Möglichkeiten bieten, sich aktiv und kreativ zu betätigen. Günstig sind benachbart gelegene, gegliederte Bereiche auf einem Spielplatz, in denen Drei- bis Fünfjährige zum Beispiel hüpfen, beobachten, kullern, radeln, planschen oder graben können, Fünf- bis Siebenjährige klettern, werfen, springen, balancieren, schaukeln, hangeln und wippen, die über Siebenjährigen stoßen, raufen, erobern, bolzen und schleichen, Theater spielen, malen und bauen.

Ab fünf Jahren brauchen Kinder vor allem Material und Möglichkeiten, mit denen sie Form und Ablauf des Spiels selbst bestimmen können. Geboten wird ihnen diese Freiheit bislang nur auf wenigen so genannten Abenteuer- oder Robinson-Spielplätzen. Für Nachbarn und Anlieger sind solche Abenteuerspielplätze oft ein Ärgernis – die Kinder hingegen empfinden sie als Paradies. Obwohl ihre selbst gebauten Blockhütten und Hochsitze, Wippen oder Schaukeln tatsächlich manchmal halsbrecherisch ausse-

hen, bergen sie, das haben statistische Erhebungen erwiesen, nicht mehr Gefahren in sich als die Geräte auf normalen Spielplätzen.

Der kindliche Erfahrungs-, Betätigungs- und Gestaltungsdrang wird auf Abenteuerspielplätzen im Allgemeinen gut befriedigt. Nicht von ungefähr halten sich viele Kinder lieber auf Baustellen als in Sandkästen auf. Bretter, Drahtgeflechte und Nägel, mit denen sie Hütten bauen können, Styropor, Abfall aus Sägewerken, Lehm und Wasserpfützen regen ihre Phantasie auf jeden Fall mehr an als die weit verbreiteten Wippen, Rutschen oder Klettergeräte. Viele Firmen geben auf Anfrage gerne ihre ungefährlichen Produktionsabfälle als Baumaterial an Abenteuer- und Bauspielplätze ab – regen Sie dies bei der Spielplatzleitung oder der Behörde gegebenenfalls ruhig selbst einmal an.

Förderungsaspekte

Spielen auf einem kindgerechten Spielplatz ist eine Form des Lernens, die Freude macht, die vom Kind selbst organisiert wird und die nicht mit Langeweile, Einschrän-

kungen und Strafen oder Leistungsdruck verbunden ist. Ausgelassene
Spiele – nicht das programmierte
monotone Schaukeln und Klettern
auf ästhetischen Betongebilden –
helfen den Kindern, ihre Identität
und ihr Ich zu erfahren und es zu
entwickeln.

Auf Robinson-Spielplätzen mit
verschiedenen Aktionszonen wird
der kindliche Betätigungsdrang in
vernünftige Bahnen gelenkt, dort
können Kinder bei schöpferischen
Tätigkeiten aktiv werden: beim

Planen, Konstruieren, Modellieren,
Anstreichen usw.

Auf Abenteuerspielplätzen wird
die gegenseitige Hilfe in der Gruppe
wichtig. Die Kinder lernen zu kooperieren: Zum Bauen eines Hoch-
sitzes, zum Theaterspielen auf
einem selbst gebastelten Podium
oder etwa zum Tapezieren braucht
man einen oder mehrere Partner.
Nicht unwesentlich ist auch die
Stärkung des Selbstvertrauens der
Kinder, wenn sie aus dem Nichts etwas geschaffen haben. Spielplätze

sollten deshalb verschiedene Möglichkeiten bieten, sie dürfen nicht einengen oder Kommunikation verhindern.

Soziales Verhalten

Auf kindgerechten Spielplätzen lernen Kinder, ihre Aggressionen zu bewältigen, sich mit Konfliktsituationen auseinander zu setzen und sich mit anderen für bestimmte Ziele einzusetzen. Sie können Rollenspiele veranstalten und ihre

Kreativität entfalten. Im Spiel mit anderen machen Kinder wechselnde soziale Erfahrungen:

– Sie können die Gruppe verlassen oder sich ihr wieder anschließen.
– Sie können unterliegen, sich durchsetzen, sie können auch kooperieren.
– Überdies können sie Kontakte zu fremdsprachigen Kindern aufnehmen, da viele Spiele auch mit geringer verbaler Unterstützung gespielt werden können – Voraussetzung ist dazu eher Ihr Zuspruch.

Eine große Infektionsgefahr stellt der Sand in den Spielkästen dar. Selbst frisch aufgefüllter Sand ist nach einem halben Jahr bereits wieder mit Millionen von Bakterien verseucht. Diese Bakterien können Entzündungen in Mund und Ohren, Magenschmerzen und Durchfall bewirken. Achten Sie also nach dem Spielplatzbesuch darauf, dass Ihr Kind gründlich die Hände wäscht.

Dass zu einem benutzerfreundlichen Spielplatz auch sanitäre Einrichtungen gehören – fließendes Wasser und Toiletten –, müsste eigentlich selbstverständlich sein.

Körpertraining und Gesundheit

Wichtig ist Spielen und in begrenztem Umfang auch Toben für das Körpertraining Ihres Kindes. Ein Spielplatz sollte deshalb keinesfalls in unmittelbarer Nachbarschaft einer stark befahrenen Straße mit Abgasluft liegen. Oft wird bei der Planung auch vergessen, dass giftige Stauden und Sträucher in der Umgebung eines Spielplatzes nichts zu suchen haben (z. B. Goldregen, Maiglöckchen und Eiben).

Betreuer

Am besten funktionieren Abenteuerspielplätze mit einer oder mehreren Betreuerinnen – möglichst Erzieherinnen oder Sozialpädagoginnen –, die den Kindern helfen, mit der ungewohnten Freiheit fertig zu werden. Mit der bloßen Aufsicht ist es nicht getan. Zwar muss eine Erzieherin eingreifen, wenn sich Kinder in Gefahr begeben, andererseits sollten ihre Schützlinge an Gefahren gewöhnt werden. Nur wenn sie diese einzuschätzen lernen, sind sie in der Lage, Gefahren zu vermeiden.

Ausgewählte Fernsehsendungen können Ihrem Kind nützen

Der Fernsehkonsum von Kindern ist generell zu hoch. Auch Kinder im vorschulischen Alter sehen wesentlich zu viel fern. Dabei ist erwiesen, dass viele kleine Kinder die Handlung eines Films, den sie fasziniert ansehen, gar nicht verstehen – ihnen gefallen einfach nur die bunten Bilder.

Bei Untersuchungen wurde allerdings festgestellt, dass während ca. einem Drittel der Zeit, in der ein Fernseher eingeschaltet ist, niemand im entsprechenden Zimmer ist – also kann zur Einschätzung des tatsächlichen Fernsehkonsums nicht direkt von den Einschaltzeiten ausgegangen werden.

Selbst wenn das Kind im gleichen Raum ist und einer Sendung «zusieht», unterhält es sich unter Umständen gleichzeitig mit einem anderen Kind oder beschäftigt sich mit seinen Spielsachen. Statt diese flimmernde Dauerberieselung zu unterstützen, ist es wichtig, dass die Eltern ihren Kindern den gezielten, kritischen und dadurch erst nützlichen Umgang mit dem Medium Fernsehen vermitteln.

Warum Kinder so gerne fernsehen

Fernsehen bedeutet für viele Kinder, dem Alleinsein oder Alleinspielen auszuweichen. Wenn sich Erwachsene mit ihm anregend beschäftigen, ist dies Kindern meist wesentlich lieber als fernzusehen. Es liegt also hauptsächlich an den Eltern, wie viel Kinder tatsächlich fernsehen und ob das einem primären Interesse entspringt oder ein Ausweichen bedeutet.

Für Einzelkinder ist das Fernsehen oft für viele Stunden der vorrangig verfügbare Kommunikationspartner. Auch die teilweise übermäßige Nutzung von Telespielen und von

Computerspielen ist in diesem Zusammenhang zu sehen.

Viele positive Aspekte des Fernsehens dürfen jedoch nicht übersehen werden:

▶ Geeignete Kindersendungen eröffnen einem Kind den Blick in Umweltausschnitte, die ihm vielleicht sonst nicht zugänglich sind. Auch die Entwicklung von Normen und Werten wird wesentlich stimuliert, kann allerdings auch durch die Kinder besonders ansprechende Werbung in unerwünschte Richtungen gelenkt werden.

▶ Im Fernsehen wird aus fernen Ländern und Kontinenten, von fremden Lebensformen, von Tieren und Pflanzen berichtet, die den Blickwinkel eines Kindes für gesellschaftliche und kulturelle Zusammenhänge wesentlich weiten können. Die interkulturelle Erziehung kann so Anstöße erhalten und beim Erwachsenwerden zu Offenheit und Toleranz gegenüber anderen Menschen und Kulturen führen. Andererseits sollten Kinder vorrangig ihre nähere Umwelt, den Stadtteil oder die Gemeinde, in der sie aufwachsen, möglichst genau kennen lernen – hier sind Sie in der Rolle des anregenden Reiseführers gefragt.

Wann kann Fernsehen schaden?

Warnende Aussagen über psychische und körperliche Schäden als Folge zu hohen Fernsehkonsums haben sich nur in Extremfällen bestätigt – es kommt allerdings auf die sorgfältige Auswahl und die Kontrolle durch die Eltern an.

Entscheidend dafür, wie Ihr Kind TV-Sendungen verarbeitet, sind auch Gespräche (oder kurze Kommentare) während und nach der Sendung. Erklären Sie deshalb Ihrem Kind immer wieder das Zustandekommen eines Films. Spielen Sie ausgewählte Szenen nach! Vielleicht können Sie sogar selbst eine Videoaufnahme machen oder eine Stunt-Aufnahme filmen: Ihr Kind soll z. B. hinfallen, ohne sich dabei wehzutun. Das schützt Ihr Kind davor, alles für Realität zu halten, was es im Fernsehen zu sehen bekommt.

Zu einer negativen Beeinflussung durch das Fernsehen kann es bei Kindern kommen, die durch ein ungünstiges familiäres Milieu bereits Beeinträchtigungen erlitten haben und deshalb verunsichert sind. Sie verarbeiten spannende und aufregende Darstellungen weniger leicht als Kinder, die jederzeit mit den Eltern Ängste und Empfindungen besprechen können. Jedoch kann auch ein vierjähriges Kind, das in sein Zimmer verbannt wird, wenn die Erwachsenen fernsehen wollen, eher psychisch auffällig werden als im Arm von Mutter oder Vater während einer Sendung, selbst wenn es sie noch nicht versteht. Allerdings muss dies maßvoll geschehen, so wie die Eltern generell den sinnvollen Umgang mit dem Medium Fernsehen vorleben sollten.

Leider interessieren sich auch schon Vierjährige für jene Programme, die nicht für sie bestimmt sind. Dass ihnen dieses Fernsehangebot zugänglich ist, geht neben mangelnder Kontrolle durch die Eltern auf das Konto der Programmgestalter, die vielfach einfach nicht kindgerecht planen und dafür verantwortlich sind, dass zu Sendezeiten für Kinder- und Jugendsendungen – also im Allgemeinen in der Zeit vor 19 Uhr – zum Teil für Kinder gänzlich ungeeignete Sendungen laufen.

Gute und für Kinder geeignete Sendungen versuchen, auf die Interessen, Wünsche und Bedürfnisse der Kinder einzugehen, die Phantasie anzuregen, den Kindern die Chance zum Widerspruch zu geben und ihnen dabei zu helfen, den Umgang miteinander und mit den Erwachsenen zu lernen.

Dass Kinder oft leidenschaftlich gern fernsehen, weil sie sich mit dem Helden identifizieren können und damit über sich selbst hinauswachsen, ist eine Tatsache. Wieweit das Fernsehen indes Erkenntnisse und Verhaltensweisen pädagogisch wertvoll vermitteln kann, hängt in der Hauptsache von den Eltern, vom familiären Klima und den sonstigen Erziehungsbedingungen ab. Ein Beispiel: Wenn ein Kind oft genug Erfolg im Lösen von Konflikten auf verbalem Weg hatte, werden Gewaltszenen bei ihm weniger zu körperlicher Aggressivität führen.

Wenn Sie Probleme mit der Vorliebe Ihres Kindes für Trickfilme haben: Ein schädlicher Einfluss speziell dieser Filme ist bisher nicht nachgewiesen. Bekannt ist nur, dass Kinder diese Filme im Allgemeinen allen anderen vorziehen – warum sie das tun, ist nicht völlig geklärt. Sind es die lustigen, puppenartigen Figuren, die bunten Farben, das oft erkennbare Kindchenschema, die besonderen Fähigkeiten der Figuren, mit denen sich ein Kind zumindest teilweise identifiziert und die dem kindlichen Wunschtraum von Unbesiegbarkeit entsprechen, oder einfach die surreale, phantasievolle Darstellung, die Andersartigkeit gegenüber der üblichen Umwelt? Auch Monster und Saurier genießen ja seit Jahren dieses ganz besondere Interesse.

Noch ein Tipp: Kinder sollten zumindest zwischendurch beim Fernsehen im Schneidersitz auf dem Fußboden hocken oder auf dem Bauch mit aufgestütztem Ellbogen vor dem Bildschirm liegen. Bei bestimmten Haltungsschäden ist die Bauchlage mit aufgestützten Ellbogen und übereinander gelegten Fäusten unter dem Kinn orthopädisch sehr hilfreich.

Besondere Fernsehgewohnheiten

Bestimmte Gruppen in der Gesellschaft neigen dazu, besonders viel fernzusehen, und beeinflussen ihr Kind damit ungünstig:

▶ Allein Erziehende lassen ihre Kinder oft vermehrt fernsehen, um sich selbst ein wenig zu entlasten und mehr Freiraum für eigene Aktivitäten zu bekommen; viele Sendungen werden auch gemeinsam angesehen, um entspannten Kontakt herzustellen und den Mangel an bestimmten Freizeitaktivitäten auszugleichen.

▶ Familien in ländlichen Regionen lassen ihre Kinder oft vermehrt fernsehen, weil kinderbezogene Einrichtungen (Kindergarten usw.) und Veranstaltungen (zum Beispiel Kindertheater) in zu geringem Umfang angeboten werden.

▶ In Familien mit ungünstigen Bildungsvoraussetzungen kann der Fernseher zum Zentrum des gemeinsamen Freizeitverhaltens werden, da zu wenig Alternativen wahrgenommen werden und zu wenig Erfahrungen mit anderen, sinnvollen Freizeitbeschäftigungen vorliegen.

▶ Wenn in einer Familie ein arbeitsloses Familienmitglied lebt, kann der Fernseher zur bevorzugten Abwechslung werden, der die Entmutigung, Selbstzweifel und das Alleinsein vertreibt. Er bietet dann eine Fluchtmöglichkeit in eine Traumwelt und schafft Ablenkung. Die Beteiligung von Kindern am Fernsehen kann dadurch zusätzlich erhöht werden.

Videotechnik bietet neue Möglichkeiten

Ein Videorecorder im Haushalt kann Ihre pädagogischen Zielsetzungen wesentlich unterstützen. Sie sehen sich zunächst Sendungen, die sich nach dem Programmtext für Ihr Kind eignen, allein an und zeichnen sie zugleich auf. Halten Sie die Sendung insgesamt für geeignet, bleibt sie als Konserve erhalten, andernfalls wird sie gelöscht. Im Laufe der Zeit legen Sie so eine kleine Videothek an, aus der Sie bei Bedarf auswählen, was sich zum Sehen und Hören für Ihr Kind besonders anbietet.

So können Sie auch Sendungen wiederholt zeigen, die Ihr Kind spannend findet oder an denen sich immer noch weitere Details entdecken lassen. Ein weiterer Vorteil liegt auf der Hand: Sie haben einen Vorrat an interessanten Sendungen, mit denen Sie Ihr Kind für begrenzte Zeit beschäftigen oder auch ablenken können: wenn Sie gerade Besuch empfangen, ungestört telefonieren wollen oder im Haushalt arbeiten müssen.

Das Aufzeichnen geeigneter Sendungen schützt Ihr Kind (und Sie) auch vor allzu viel Fernsehen – jedem Sehen und Hören geht eine bewusste Entscheidung voraus.

Kurse und Spielkreise fördern Ihr Kind

Die wesentlichen Vorteile eines Kurses liegen – vor allem, wenn ein Kind keinen Kindergarten besucht – auf der Hand: Es wird in einer Gruppe mit anderen Kindern in einem speziellen Bereich unter sachkundiger Anleitung gefördert.

Abgesehen vom speziellen Lernbereich übt es dabei Verhaltensweisen, die nur in der Gruppe gelernt werden können. Kontaktaufnahme, Orientierung an anderen, Verhalten bei Konflikten, Kooperation, Rücksicht und Solidarität sind die wichtigsten darunter. Es lernt auch, sich auf einen zunächst fremden Erwachsenen einzustellen und sich auf das zu konzentrieren, was die Kursleiterin sagt und macht – eine später für den Besuch der Grundschule hilfreiche Erfahrung. Ein Kind gewöhnt sich darüber hinaus an die äußeren Bedingungen eines Kurses: Dort werden meistens regelmäßiges und pünktliches Erscheinen mit entsprechender Motivation zu einem bestimmten Zeitpunkt erwartet. Gleichzeitig wird ein Kind dabei selbständiger, weil es zumindest während der Kursstunde außerhalb des gewohnten elterlichen Einflusses steht. Gleichgültig, was Ihr Kind in seinem Kursus lernt – z. B. malen, gestalten oder singen –, der Vergleich mit anderen Kindern hilft ihm, für seine Leistungen einen realistischen Maßstab zu finden.

Bevor Sie sich (und Ihr Kind) spontan für einen bestimmten Kurs entscheiden, sollten Sie sich über das Lern- und Spielangebot eingehend informieren. Besuchen Sie, wenn es geht, eine (übliche) Stunde des Kurses und beantworten Sie sich danach die folgenden Fragen:

▶ Welche Ziele hat der Kurs? Sind diese Ziele erkennbar? Ist das Spektrum der Ziele breit genug? Werden Einseitigkeiten vermieden?
▶ Was für Themen werden von der Kursleitung ausgewählt? Werden

aktuelle Probleme des Kindes in seiner gegenwärtigen Umwelt angesprochen? Welche speziellen Persönlichkeitsbereiche werden gefördert?

▸ Wie werden die Kinder angesprochen: überwiegend partnerschaftlich und sozial-integrativ? Ist das Programm für die Kinder interessant? Spielt und arbeitet die Kursleitung gerne mit den Kindern? Arbeiten die Kinder begeistert mit? Wirken sie unkonzentriert oder gelangweilt? Sind sie am Ende der Stunde völlig erschöpft oder noch munter, wie sie es sein sollten? Geht die Kursleitung auf einzelne Kinder ein, wenn es notwendig ist? Kann einem Kind so rasch und sicher geholfen werden, dass die anderen Kinder sich zwischenzeitlich nicht langweilen? Wie reagiert die Kursleitung, wenn ein Kind nicht mehr mitmacht? Wird variabel gearbeitet, also zum Beispiel in Form von Gesprächen, Versuchen und Geschichten? Werden, wenn es sich anbietet, technische Mittel wie zum Beispiel Tonband, Plattenspieler oder verschiedene Musikinstrumente genutzt?

▸ Können Sie feststellen, dass die Kinder, die den Kurs besuchen, unterschiedliche Leistungen zeigen? Sind die Kinder, die länger als etwa ein halbes Jahr bei dem Kurs mitmachen, Ihrem Kind – bei gleichem Alter – in ihren Leistungen überlegen? Sind diese Kinder noch gern dabei?

Sprechen Sie auch die Kursleitung selbst auf die Ziele an, die sie verfolgt. Seien Sie nicht sofort misstrauisch, wenn man Sie nur ungern zusehen lässt: Mit Ihrem Besuch ist in aller Regel eine gewisse Störung verbunden. Sie sollten dann aber umso intensiver andere Möglichkeiten nutzen, um sich über das Angebot zu informieren. Dazu gehört:

– Sprechen Sie andere Eltern an, deren Kinder den Kurs besuchen.
– Befragen Sie die Kursteilnehmer selbst, wie gut ihnen der Kurs gefällt und was dort besonderen Spaß macht; ob die Kinder zu Hause das, was sie im Kurs gelernt haben, im Spiel aufgreifen und fortführen.
– Stellen Sie anhand der erworbenen Fertigkeiten selbst fest, ob die Kinder gut gefördert werden.
– Besuchen Sie eine entsprechende Veranstaltung mit Vorführung oder eine Ausstellung.

Welchen Kurs soll mein Kind besuchen?

Wenn Ihr Kind auf einem ganz bestimmten Gebiet gefördert werden soll, zum Beispiel bei körperlichen Schwächen, so werden Sie aus dem Angebot ganz gezielt den geeigneten Kurs auswählen, also hier etwa Gymnastik oder Turnen. Aber vielleicht bestimmen auch die Vorlieben oder Veranlagungen Ihres Kindes die Auswahl, zum Beispiel bei besonderer musikalischer Begabung.

Ein weiterer Gesichtspunkt ist, ob ein befreundetes Kind den Kurs besucht oder sich eventuell mit anmeldet, auch, dass der Kurs nicht allzu weit entfernt und nicht zu einer unpassenden Zeit stattfinden sollte. Übrigens: Wenn Sie in Kürze umziehen und Ihr Kind dadurch seinen Kurs schon bald abbrechen müsste, sollten Sie davon Abstand nehmen und erst am neuen Wohnort einen geeigneten Kurs auswählen.

Folgende Kurse kommen für vierjährige Kinder bevorzugt in Frage: Malkurs, Gymnastik- und Turnkurs, Schwimmkurs, Musikkurs (besonders mit Orff-Instrumenten). Speziellere Kurse, z. B. Skifahren, Schlittschuhfahren, Tennis, Ballett, Tanz und Werken sind erst für das fünf- oder sechsjährige Kind zu empfehlen.

Wichtige Tipps

▸ Informationen darüber, ob und welche Kurse stattfinden, können Sie bei Volkshochschulen, Vereinen, über Schulen und Lehrerinnen, über die örtliche Presse, die Gemeindeverwaltung, das Jugendamt oder andere Eltern erhalten.
▸ Schließen Sie sich gegebenenfalls mit anderen Eltern zusammen, die gleichaltrige Kinder haben, und suchen Sie sich auf eigene Kosten eine geeignete Kursleiterin.
▸ Versuchen Sie niemals, Ihren eigenen unbefriedigten Ehrgeiz durch intensive Förderung Ihres Kindes auf einem einzigen Gebiet zu befriedigen!

Psychische Entwicklung und Erziehung

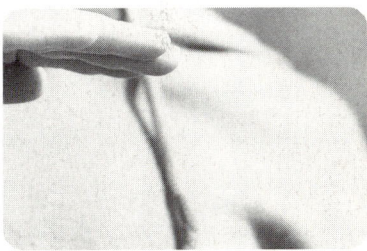

Ein Schmetterling ist auf Elsas Hand gelandet. Ehrfurchtsvoll betrachtet sie ihren zarten Gast. Seine feinen Fühler, die dünnen Beine. Einfühlung in andere, das ist vielen Kindern nun zeitweise möglich.

Mit der Selbständigkeit
wächst das Selbstvertrauen

Die Entwicklung der Persönlichkeit

Vierjährige Kinder machen jetzt einen wesentlichen Schritt in ihrer Persönlichkeitsentwicklung. Die Individualität prägt sich nun deutlicher aus. Es gibt kaum noch allgemein gültige Entwicklungstendenzen, die mehr oder weniger für jedes Kind gelten. Daher wird es immer schwieriger, den Verlauf der psychischen Entwicklung so zu schildern, dass jedes einzelne Kind treffend beschrieben ist. Viele Verhaltens- und Reaktionsweisen sind von Kind zu Kind schon sehr verschieden. (Lesen Sie deshalb auch die entsprechenden Kapitel in Elternbuch 4 und Elternbuch 6.)

In diesem Jahr wird das Kind nicht mehr so stark vom spontanen Anreiz einer Situation und von momentanen Bedürfnissen gelenkt. Stattdessen gewinnen übergeordnete Motive an Bedeutung. Immer mehr Absichten und Impulse werden zugunsten anderer bewusst zurückgestellt oder aufgeschoben. Gesellschaftliche Normen, Vorstellungen von gut und böse, Kritikfähigkeit und realistische Selbsteinschätzung bilden ein System zusammenhängender Faktoren, das die Handlungen des Kindes steuert. In seinen unterschiedlichen Reaktionen zeigt das Kind jeweils nur wechselnde Facetten seines Wesens, seines Ichs.

Deutlich wird der Fortschritt in der Selbständigkeit. Das Kind will immer mehr Dinge allein und ohne die Hilfe eines Erwachsenen tun. Es möchte z. B. allein zu einem Freund gehen oder selbst die Gastgeberrolle übernehmen. Es möchte wie ein Erwachsener handeln und wäre gern älter. So nimmt es auch schon Angebote an, «vernünftig» miteinander zu reden.

Das Kind lernt nun, seine Meinung differenzierter als im so genannten Trotzalter darzulegen und zu behaupten. Dabei verwendet es allerdings nicht nur Wörter, sondern gebraucht typischerweise auch seine Hände als Argumentationshilfe. Das Kind lässt sich nicht mehr so leicht etwas vormachen, da es genauer beobachtet. Erwachsene kann es schon gut mit ihren eigenen Argumenten schlagen, wenn diese ihm bei einer sachlichen Diskussion die Möglichkeit dazu geben. Wenn ein Kind zum Beispiel zur schimpfenden Mutter sagt: «Mir verbietest du das Brüllen immer!», so kann das verblüffend genau zutreffen, aber in den Ohren des Erwachsenen auch frech oder altklug klingen. Selbstverständlich ist für das Kind diese neue Möglichkeit der Selbstbehauptung noch nicht. Es muss erst den Umgang mit derartigen Aussagen und ihren Folgen erfahren und erproben. Diplomatie und taktisches Geschick stehen ihm bisher ja kaum zur Verfügung.

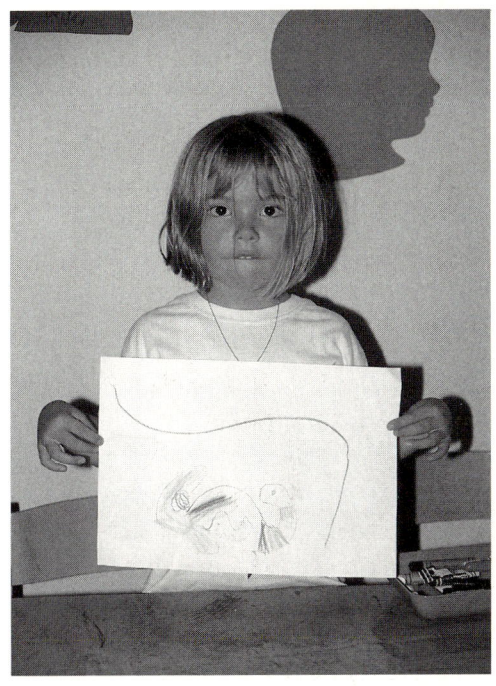

Wahrnehmung

Obwohl die Sinnesorgane ihre volle Funktionstüchtigkeit schon längst erreicht haben, steigert sich in diesem Jahr die Verarbeitungsfähigkeit für die Wahrnehmungen beträchtlich, und zwar aufgrund der reichhaltigen Erfahrungen und des umfangreichen Wissens, auf die das Kind inzwischen zurückgreifen kann.

Der Wahrnehmungsapparat, die Rezeption durch alle Sinne, wird jetzt zur Lösung bestimmter Aufgaben bewusst eingesetzt. Bei Untersuchungen zeigte sich, dass sich zum Beispiel die Sehschärfe um etwa 20 Prozent erhöht, wenn das Kind stark motiviert ist, etwas wahrnehmen zu wollen. Besonders Erfahrung und Übung helfen ihm, die Wahrnehmung gezielt auf interessante Details einzustellen. Mit seinem erweiterten Wortschatz kann das Kind jetzt auch Dinge nicht nur präzise beschreiben, sondern sie auch besser vergleichen, hervorheben und von verschiedenen ähnlichen Wahrnehmungen abgrenzen.

Das Interesse des Kindes, eine Sache lange und genau zu betrachten, wird durch Aufgaben und sprachliche Hinweise geweckt und gelenkt. So beschreibt das Kind meist nur dann einen Gegenstand genauer nach Form, Farbe, Ähnlichkeit mit anderen Dingen usw., wenn es dazu vom Erwachsenen motiviert wird. Diese Aufforderung ist wichtig, da das Kind im Laufe der Beschreibung seine Wahrnehmungen überprüft und gegebenenfalls seine Aussagen korrigiert. Ohne diese Korrektur würde ein falscher Eindruck über längere Zeit hinweg bestehen bleiben und sich einprägen. Ein Kind im vorschulischen Alter kann also differenziert wahrnehmen, wenn es motiviert ist, genau hinzusehen oder zuzuhören. Undifferenziertes Wahrnehmen bedeutet demnach nicht – wie gelegentlich noch angenommen wird –, dass das Kind im Vorschulalter hauptsächlich global, also ganzheitlich auffasst und nicht in Einzelheiten. (Aus dieser Annahme heraus wurde übrigens die Ganz-Wort-Leselernmethode entwickelt und inzwischen zumindest teilweise revidiert.) Tatsächlich hat das Kind beide Auffassungsweisen zur Verfügung. Es kann je nach Bedarf rasch von einer zur anderen wechseln.

Da das Bezugssystem «oben», «unten», «rechts» und «links» erst beim etwa sechsjährigen Kind gefestigt ist, können die meisten Kinder bis dahin ohne weiteres Bilder und Schriften auch verkehrt herum anschauen. Manche Kinder schreiben zum Beispiel plötzlich einzelne Buchstaben oder sogar ihren Namen in Spiegelschrift (auch fünfjährige Kinder).

Denken, Lernen und Wissen

Im Vorschulalter lernen Kinder verblüffend leicht und viel. Mit Hilfe von Klang, Rhythmus und Reim zum Beispiel merken sich die Kinder auch schon längere Gedichte. Geschichten und Märchen, mit deren Helden sie in ihrer Phantasie gemeinsam handeln, werden bald auswendig erzählt. Durch die Identifikation wird ein Zustand von Aktivität und Gefühlserregung erzeugt, der eine optimale Bedingung für das Einprägen und Lernen darstellt.

Bilder, die den Ablauf der Geschichte illustrieren, helfen beim Erinnern. Sie können vom Erwachsenen (Elternteil oder Erzieherin) nun systematisch zur Unterstützung des Gedächtnisses und des Verständnisses eingesetzt werden.

Auch bei solchen Übungen sollte der Spiel- oder Tätigkeitscharakter (zum Beispiel Aufträge erledigen) erhalten bleiben: Im Spiel, sozusagen nebenbei, zu lernen, ist auch jetzt noch die effektivste Lernform. Zugleich garantiert die Einbettung in Tätigkeiten und Handlungen, dass alle Lerninhalte anschaulich und konkret gegeben werden. Das ist eine weitere, günstige Lernvoraussetzung. Rein verbale Erklärungen helfen dem Kind kaum weiter und führen möglicherweise zu falschen Vorstellungen. Wie soll zum Beispiel das Kind begreifen, was Sie meinen, wenn Sie (verkürzt) sagen: «Alle leichten Gegenstände schwimmen auf dem Wasser.»

Sprachliche Anleitungen zur Lösung von Aufgaben (unter anderem Spielregeln) sollten Sie zunächst einmal praktisch-plastisch verdeutlichen und ggf. weitere Beispiele zur Erklärung hinzufügen.

Das Kind verfügt jetzt unter Umständen über einen Wissensschatz, den es noch nicht sinnvoll einsetzen kann. So können manche Kinder in diesem Alter bereits bis weit über 20 zählen; mit den Zahlen umgehen und zum Beispiel erkennen, wie viele Gegenstände auf dem Tisch liegen o. Ä., können sie jedoch nur bis zu einer Anzahl von vier oder fünf. Wegen dieser Diskrepanz besteht leicht die Gefahr, dass das Kind überfordert wird. Wenn es zufällig einmal mit der richtigen Zahl auf eine Frage geantwortet hat, bedeutet das nicht unbedingt, dass es sie wirklich begreift. Es kann etwas nachgeplappert, erfunden oder einfach geraten haben. Die Mahnung «Denk doch nach. Du hast es ja schon einmal gewusst!» nützt in diesem Fall wenig.

«Warum»- und «Wie»-Fragen sind auch in diesem Jahr wichtig. Mit ihnen wird das kindliche Weltbild immer differenzierter und realistischer. Sie führen – von Ihnen bereitwillig beantwortet – zu geistiger Beweglichkeit und hohem Informationsstand. Gelegentlich fragt das Kind aber auch nur, weil ihm das Frage-und-Antwort-Spiel Freude macht oder – noch besser – weil es bemerkt hat, dass Sie daran Spaß haben. Spielen Sie unbedingt mit – das Fragen und Antworten als selbstverständliches Verhalten wird dabei intensiv geübt.

Intelligenz und Entwicklung der Gesamtpersönlichkeit

Manche Eltern fragen sich: Wie intelligent ist mein Kind? Welche Fähigkeiten müsste es seinem Alter entsprechend haben, damit es als durchschnittlich oder überdurchschnittlich intelligent bezeichnet werden kann? Tests geben nicht unbedingt eine zuverlässige Antwort darauf. Die Intelligenzstruktur differenziert und verändert sich bis zur Pubertät je nach den weiteren Lernangeboten noch so stark, dass keine zuverlässigen Voraussagen möglich sind, wie intelligent Ihr Kind als Erwachsener sein wird.

Gleich welcher Theorie man sich anschließt: Intelligenz kann immer nur durch eine geprüfte Leistung gemessen werden. In diese fließen Erfahrungen, Wissen, erworbene Fähigkeiten und die Motivation zur Aufgabenlösung ein. Dazu muss auch noch die Fähigkeit kommen, die genannten Teilaspekte spontan zu aktivieren und sie kreativ einzusetzen.

Die Intelligenzentwicklung stagniert im Allgemeinen erst mit dem

Nach Spearman (1904) setzt sich Intelligenz aus einem Hauptfaktor («general factor») und vielen einzelnen, speziellen Faktoren zusammen (zum Beispiel sprachliches Denken, anschauungsgebundenes Denken, Gedächtnis, logisches Denken usw.). Dagegen behauptet Thurstone, dass mehrere gleich wichtige einzelne Faktoren die Intelligenz ausmachen (multiple Faktorentheorie). Auch heute ist noch keine Theorie über die Intelligenz allgemein akzeptiert. Es setzt sich jedoch immer mehr die Auffassung durch, dass mehrere, unterschiedlich bedeutsame Faktoren (oder Dimensionen) die Intelligenz ausmachen, das heißt zu intelligenten Leistungen befähigen.

Abschluss der Schule oder Hochschule – eine weitere Leistungssteigerung ist bei kontinuierlicher Übung in einigen Bereichen aber auch bis über die Lebensmitte hinaus möglich: Übung z. B. durch bestimmte Berufstätigkeit.

Zur Einschätzung des Gesamtentwicklungsstandes eines vier- bis fünfjährigen Kindes ist nur ein umfassender Test geeignet, der auch die emotionale und soziale Entwicklung einbezieht. Der bekannteste Test ist der Denver-Entwicklungstest, für die Bundesrepublik Deutschland adaptiert von I. Flehmig. Er enthält für jedes Alter spezielle Aufgaben (insgesamt 105), die ein Kind normalerweise lösen kann. Der dabei verwendete Normalitätsbegriff ist ein Begriff der Statistik: Als durchschnittlich schwierig gilt eine Aufgabe, wenn 50 Prozent der

Kinder der entsprechenden Altersgruppe sie lösen.

Die Ergebnisse aus den verschiedenen Leistungsbereichen (Grobmotorik, Feinmotorik, Sprache, sozialer Kontakt usw.) können zu einem Gesamtwert kombiniert werden, der im Vergleich zu den erzielten Punktwerten anderer Kinder den Gesamtentwicklungsstand angibt.

Für die Förderung eines Kindes ist dieser Gesamtwert lediglich ein Anhaltspunkt: Hier geht es mehr um die einzelnen Leistungsbereiche, insbesondere auch diejenigen, in denen ein (unerklärter) Entwicklungsrückstand gegeben ist.

Alle einzelnen Leistungsbereiche sind in diesem Alter noch starken Schwankungen innerhalb von Wochen und Monaten unterworfen, sodass weder übergroße Freude noch ängstliche Besorgnis zu rechtfertigen sind. Außerdem unterliegt die einmal festgestellte Leistung eines Kindes in hohem Umfang auch der Tagesform und dem Kontakt zum testenden Erwachsenen – insofern ist sicherheitshalber die Wiederholung eines Tests (oder seiner Parallelform) an einem anderen Tag erforderlich, wenn ein Kind eine starke Schwäche in dem einen oder anderen Leistungsbereich zeigt.

Sprachentwicklung

Das Kind hat nun kaum noch Schwierigkeiten, das auszudrücken, was es sagen will. Auch ein Außenstehender kann es jetzt leicht verstehen. Seine Grammatik hat sich sehr verfeinert. Beim Sprechen werden alle Wort- und Satzarten verwendet. Dabei treten allerdings noch häufig Fehler auf (etwa beim Gebrauch der Pronomina und der Zeiten). Viele Sätze lässt das Kind auch unvollendet (dem Erwachsenen darin folgend).

Der Wortschatz ist stark gewachsen, sagt aber nicht immer etwas über den tatsächlichen Wissensstand aus. So macht das Kind vielleicht manchmal einen altklugen Eindruck. Es merkt sich leicht komplizierte Redewendungen und verblüfft dadurch seine Eltern.

Perfekt imitiert es andere im Tonfall und in ihren Ausdrücken. Gern übernimmt es auch Schimpfwörter. Es verwendet sie selten, um einen echten Gemütszustand auszudrücken, sondern aus Freude über die neuen, bildkräftigen Ausdrücke und über die besonderen Reaktionen.

Manche Kinder verhaspeln sich bei Erregung leicht und sprechen undeutlich, einige zeigen auch so genanntes entwicklungsbedingtes Stottern über einen Zeitraum von zwei bis sechs Monaten. Viele Kinder unterhalten sich schon jetzt sehr gern mit anderen Kindern, bevorzugt mit gleichaltrigen oder etwas älteren. Bei ihren Gesprächen werden nun auch zunehmend Bereiche erschlossen, bei denen ein Spezialvokabular erforderlich ist: Farben, Zahlen, Geld, Tiere usw.

Der sprachliche Entwicklungsstand (Aussprache, Wortschatz, Anzahl der Wortarten usw.) hängt überwiegend vom Bildungsniveau (Qualität von Sprache und Sprechen in der Familie) und vom sozialen Status der Eltern ab. Günstig ist für die Entwicklung, dem Gespräch im Alltag einen breiten Raum zu geben.

Sagen Sie nicht nur, was das Kind tun (oder lassen) soll, sondern sprechen Sie auch über Ihre Beweggründe und zeigen Sie die Konsequenzen des erwünschten Verhaltens auf. Legen Sie gleichzeitig Wert darauf, dass sich Ihr Kind ebenso verhält. Es soll seinen Impulsen nicht immer nachgeben, sondern zunehmend seine Gefühle wahrnehmen, zumindest begrenzt steuern und in Worte fassen. Die Sprache wird also auch als Mittel der Selbstkontrolle und zur Gefühlsdifferenzierung gebraucht. Ein Kind lernt so, auf immer feinere sprachliche Hinweise zu reagieren. Es muss seine eigenen sprachlichen Ausdrücke verfeinern, um Gefühle entsprechend mitteilen zu können.

Eltern einer weniger privilegierten Schicht kümmern sich um diese sprachlich vermittelte Gefühls- und Gedankenkontrolle kaum. Ihnen kommt es auf das unmittelbare Ergebnis an. Das Kind soll einfach tun, was von ihm verlangt wird. Begründungen werden nicht gegeben, Konsequenzen des Handelns nicht angedeutet. Zugleich wird auch auf die Vermittlung von allgemeinen Prinzipien und Wertvorstellungen verzichtet, da sie für das eigene Verhalten und das der Familie weniger wichtig sind. Ihre Gefühle drücken sie unmittelbar aus, und zwar mit kurzen, einfachen Sätzen, Imperativen und Fragen, Sprichwörtern und traditionellen Redewendungen.

Die Unterschiede im Sprachverhalten der Kinder werden im Laufe der Jahre immer größer. Kriterien für die Sprachentwicklung sind auch die Faktoren: anregende Umgebung, Beschäftigung mit Büchern und das häufigere Zusammensein mit Erwachsenen, deren Kontakte untereinander vornehmlich verbal bestimmt sind.

In der Schule wird die Sprache der Mittelschicht oder der gehobenen Mittelschicht angewandt und verlangt: Kinder der weniger privilegierten Schichten sind damit benachteiligt. Im Interesse der Sprachentwicklung (und der späteren Schullaufbahn) sollte die Förderung der Sprache in der Familie hohen Stellenwert haben.

Soziales Verhalten

Mit der sprachlichen Sicherheit wächst auch die soziale Selbständigkeit. Das Kind geht allein zu Freunden, spricht fremde Leute an, macht Besuche und möchte gern eingeladen werden. In Spielgruppen (besonders im Kindergarten) werden nun drei bis vier Kinder einbezo-

gen, es entsteht ein Wir-Gefühl. Hinzukommende werden als störend empfunden; am liebsten möchte man die Neuen ausschließen.

Für einen geregelten Spielablauf sind Anregungen eines Erwachsenen nötig. Noch häufig brechen lebhafte Auseinandersetzungen aus, denn Kinder sind in diesem Alter oft sehr impulsiv. Der Erwachsene gilt im Zweifelsfall als letzte Instanz, der man sich mit seinen Anliegen, Wünschen und Klagen anvertraut (und evtl. Schutz sucht).

Erwachsene sollten nur behutsam eingreifen, denn je mehr man ein Kind schützt, desto weniger Selbstsicherheit kann es entwickeln; es muss auch lernen, sich selbst aus brenzligen Situationen zu retten. Darin sollte es unterstützt werden, indem man ihm zum Beispiel Anleitungen zum richtigen Verhalten, Gesprächstechniken, Taktiken und Argumente anbietet.

Normalerweise spielt das vierjährige Kind nicht gern allein. Notfalls nimmt es auch mit einem jüngeren Spielgefährten vorlieb, wobei es dann unter Umständen die Rolle eines Aufpassers spielt.

Vater und Mutter als Partner des Kindes

Der wesentliche Einfluss seitens der Eltern ergibt sich im direkten Kontakt mit dem Kind aus der Vorbildfunktion und dem Nachahmungseffekt. Auf dem Wege der Identifikation, vermittelt durch Beobachtung und Nachahmung, übernimmt das Kind viele Verhaltensweisen seiner Eltern; leider nicht nur die erwünschten, sondern teilweise auch unerwünschte – ganz so, wie das Kind die Eltern zu Hause tatsächlich erlebt. Der elterliche Einfluss ist also insgesamt sehr groß, vor allem beim jüngeren Kind.

Vater und Mutter als Einflussfaktoren

Wenn beide Elternteile sich an der Erziehung beteiligen, ist die Übereinstimmung zwischen Mutter und Vater wichtig. Die Einflüsse, denen das Kind unterliegt, gehen sowohl von der Mutter als auch vom Vater aus, das Kind wird sich also innerhalb einer gewissen Bandbreite sein Vorbildmodell aussuchen können – es gleicht damit vielleicht auch einige vorhandene Besonderheiten eines Elternteils günstig aus. Wenn die Eltern übereinstimmende Verhaltensweisen zeigen, haben diese höhere Realisierungschancen beim Kind. Nicht übereinstimmendes Verhalten der Eltern muss jedoch nicht ungünstig sein: Wenn beispielsweise ein Elternteil das Kind verärgert tadelt, findet es vielleicht beim anderen emotionale Entlastung dadurch, dass dieser ihm ruhig die Gründe für die Situation erklärt.

Wenn das Verhaltens- und Erlebensspektrum der beiden Elternteile nicht in allen Punkten übereinstimmen, erhält das Kind möglicherweise eine breiter gefächerte Anregung, und zwar, wenn sich die Verhaltens- und Erlebnisweisen der Eltern auf verschiedene

Tätigkeitsbereiche beziehen, z. B. sprachliche Gewandtheit eines Elternteils, handwerklich-praktische des anderen; Warmherzigkeit und Sensibilität eines Elternteils, etwas mehr nüchtern-konstruktives Vorgehen des anderen; Aufteilung der Arbeiten in einer traditionell bäuerlichen Familie nach Innen- und Außenbereich usw.

Ein allein stehender Elternteil kann sein Kind selbstverständlich gleichfalls gut erziehen und fördern – dann sollten jedoch vermehrt auch Außenstehende einbezogen werden, damit das Kind jedenfalls in einem gewissen Umfang auf verschiedene Erwachsenenvorbilder zurückgreifen kann. Untersuchungen zeigen übrigens, dass Alleinstehende – entgegen hartnäckigen Vorurteilen – ihr Kind tatsächlich gut erziehen können: Sie sind in der Regel überdurchschnittlich bemüht und motiviert, um einen möglichen Nachteil aufgrund des fehlenden Elternteils auszugleichen.

Mütter, Väter und Kinder

In einer Untersuchung des Staatsinstituts für Frühpädagogik in drei Bundesländern (Bayern, Brandenburg und Nordrhein-Westfalen) wurden Mütter von Kindern, die einen Kindergarten oder eine Kindertagesstätte besuchen, nach den Entwicklungsbedingungen für Kinder befragt. Die Tabelle fasst die Ergebnisse zusammen:

Zustimmung von Müttern zu Entwicklungsbedingungen für Kinder

Die Prozentsätze geben die Stellungnahmen «völlige Zustimmung» oder «überwiegende Zustimmung» wieder. *(Staatsinstitut für Frühpädagogik u. a. 1996)*

Land Aussage	Bayern	Brandenburg	Nordrhein-Westfalen
Für ein Kind im Kindergartenalter muss zumindest immer ein Erwachsener da sein.	88,3 %	78,1 %	82,1 %
Ein Kind braucht täglich Anleitung und Anregungen zum Lernen (z. B. gemeinsame Beschäftigung mit Kinderbüchern, gemeinsames Ansehen von Fernsehsendungen).	66,0 %	83,2 %	60,0 %
Vielfältige berufliche und Freizeitinteressen der Eltern fördern die Entwicklung von Kindern.	54,6 %	66,9 %	49,5 %
Ein Kind muss lernen, sich alleine zu beschäftigen; das fördert seine Selbständigkeit.	63,0 %	61,7 %	60,9 %
Ein Kind sollte so wenig wie möglich mit den Sorgen und Problemen der Erwachsenenwelt belastet werden.	51,9 %	57,3 %	48,2 %
Mutter, Kind und Mann bzw. Lebensgefährte beschäftigen sich gemeinsam mehr als zwei Stunden täglich.	24,7 %	25,1 %	41,6 %

Die Unterschiede in den Einschätzungen zwischen den Müttern der drei Bundesländer sind teilweise beachtlich groß; über Gründe dafür kann nur spekuliert werden. Insgesamt zeigen die Aussagen, dass Förderung und Erziehung für wichtig gehalten werden, dass Kinder Schutz brauchen und dass sich in Nordrhein-Westfalen die Väter mehr beteiligen! *(Fthenakis u. a. 1996)*

Eltern und berufliche Arbeit

Über die beruflichen Aktivitäten seiner Eltern erfährt das Kind heute im Allgemeinen zu wenig: Es weiß meistens nicht, was sie tun und warum sie es tun. Oft weiß es auch zu wenig über die hauswirtschaftlichen Arbeiten innerhalb der Familie: Wenn beide Elternteile berufstätig sind, werden viele Haushaltsarbeiten unter Einsatz von Maschinen (teils wenig durchschaubare technische Helfer, z. B. Mikrowellenofen) erledigt, außer Haus gegeben (z. B. Reinigung und Bügeln von Kleidung und Bettwäsche in Spezialbetrieben) oder als Fertigprodukt eingekauft (z. B. Fertiggerichte, Marmelade).

Das Kind lernt insofern nicht mehr alle traditionellen haushaltlichen Arbeitsprozesse von Anfang bis Ende kennen. Gleichzeitig findet es kaum Gelegenheit, die Tätigkeiten in unserer arbeitsteiligen Gesellschaft nachzuvollziehen, die innerhalb eines Erwachsenenarbeitsbereiches einen höheren Stellenwert haben und orientierend wirken (besonders z. B. Organisation, Management etc. ohne sichtbares Endprodukt). Die früheren Vorbildfunktionen von Vater und Mutter im Arbeitsbereich sind damit weitgehend entfallen!

Bei der traditionellen Rollenverteilung ist typischerweise der Vater als Ernährer der Familie nur eine Art Zaungast oder kontrollierender Beobachter der kindlichen Entwicklung. Seine Anregungen und die Mitteilung seiner Erfahrungen empfindet das Kind als umso fragwürdiger, je weniger der Vater am Familienalltag beteiligt ist. Es erlebt ihn häufig als gestressten, ruhebedürftigen Erwachsenen, der Einfluss beansprucht und seine Vorstellungen und Anweisungen durchgeführt sehen will.

Die Auflösung der traditionellen Rollenverteilung und die für das

Kind uneinsehbaren elterlichen Tätigkeitsbereiche erfordern eine Umstellung des Verhältnisses von Eltern zu Kindern. In den folgenden beiden Abschnitten werden die wichtigsten Aspekte hervorgehoben.

Erwartungen und Handlungen begründen

Solange das Kind bei seinen Eltern jederzeit deren Tüchtigkeit in allen Leistungs- und Lebensbereichen selbst beobachten konnte, genossen die Eltern eine natürliche Autorität, die sie zur Verhaltenssteuerung einsetzen konnten. Nachdem aber viele dieser Beobachtungsmöglichkeiten entfallen sind, müssen Eltern die erwünschten Verhaltensweisen mehr als früher begründen. Hierzu ein Beispiel: Das Kind begreift nicht, warum es sich nicht (unnötig) schmutzig machen soll, denn die Waschmaschine macht doch immer scheinbar automatisch alles wieder sauber. Dass trotzdem Mühe, Energie und Kosten – wenn auch nicht mehr wie früher bei der Handwäsche – anfallen, muss ihm erst erklärt werden.

Neben der Begründung ist aber auch wichtig, dass die Eltern das Kind die Erfahrung machen lassen, dass sich ihre Handlungsanleitungen bewähren. Wenn es mit ihrer Hilfe schwierige Situationen meistern kann, lernt es auch, weitere Anleitungen bereitwillig zu akzeptieren. Dies ist ein wichtiges Ziel, weil das Kind die Konsequenzen vieler Handlungen und Verhaltensweisen nicht sofort, sondern mit Verzögerungen erlebt. Wenn es zum Beispiel seinem Spielkameraden einmal das Spielzeug wegreißt, wird sich dieses Kind von ihm noch nicht abwenden. Nimmt es aber das Spielzeug immer wieder weg, so wird die Beziehung spürbar und nachhaltig gestört.

Partnerschaftliche Verhaltensweisen anstreben

Weil Kinder bei ihren Eltern wesentliche Verhaltensweisen, die früher Autorität auf natürliche Art und Weise aufbauten und unterstützten, nicht mehr beobachten und erleben können, müssen vermehrt Verhaltensweisen in das Erziehungsrepertoire der Eltern aufgenommen werden, die auf Autorität verzichten.

Partnerschaft statt Über- und Unterordnung, Gleichberechtigung statt Vorrechte für die Eltern ist nunmehr das Motto. Es lässt sich allerdings konsequent nur mit großem Aufwand an Geduld, Zeit und Phantasie, daher häufig nur begrenzt, umsetzen: Mal mag z. B. das

Kind die Begründungen aus der Erwachsenenperspektive nicht akzeptieren, ein andermal fehlt vielleicht die richtige Idee zur Ablenkung oder zur Beruhigung der kindlichen Ansprüche.

Dennoch dürfte der Weg, kindgerecht sachorientierte Informationen und Begründungen zu geben und das in einer partnerschaftlichen Weise zu tun, der einzige Weg sein, der dauerhaft positive Beziehungen zwischen Kindern und Eltern aufzubauen hilft und die elterlichen Steuerungsmöglichkeiten langfristig gewährleistet.

Die Anliegen und Bedürfnisse von Kindern müssen sorgfältig berücksichtigt und befriedigt werden, soweit sich das mit anderen Bedingungen vereinbaren lässt. Für manch eine Familie kann es sich als günstig erweisen, wenn Kinder die Eltern mit ihren Vornamen ansprechen: Es ist für den Vater und die Mutter eine ständige Erinnerung daran, seine geistige und körperliche Überlegenheit nicht zu seinen Gunsten auszunutzen.

Bewusste Neuverteilung der Rollen

Die Umsetzung eines partnerschaftlichen Eltern-Kind-Verhältnisses erscheint als der zweite vor dem ersten Schritt, solange die Gleichberechtigung von Mann und Frau in unserer Gesellschaft noch nicht gänzlich vollzogen ist. Denn ein wichtiger Aspekt des modernen elterlichen Rollenverhaltens ist damit eng verbunden: Indem beide Elternteile abwechselnd verschiedene Rollen übernehmen müssen, zum Beispiel Bezugsperson, Helfer, Tröster, Lehrer, Schmusepartner, Ernährer, Erzieher usw., wäre es ungünstig, eine starre Rolleneinteilung einhalten zu wollen. Besser ist es, dass beide Elternteile jede dieser Rollen zumindest einigermaßen gut ausfüllen können.

Theoretisch ist der Vorsatz seitens der Väter vorhanden, wenn nach der Bereitschaft zu mehr Mitarbeit im Haushalt in einem Interview gefragt wird. Die praktische Umsetzung, also die tatsächliche Mitwirkung, tendiert jedoch noch weithin gegen lediglich 10 Prozent bis 5 Prozent. (Gleichzeitig nimmt der mütterliche Anteil am Familieneinkommen stetig zu.)

Problemsituationen des allein erziehenden Elternteils

Konflikte in der Familie – Situation des Kindes

Die Problem- bzw. Ausgangslage, um die es hier geht, kann sich aus verschiedenen familiären Situationen ergeben:

- wenn es starke Spannungen zwischen den Eltern gibt, die kurz vor der Scheidung stehen;
- wenn die Eltern schon geschieden sind;
- wenn die Familie durch den Tod eines Elternteils zerrissen ist;
- bei einem aus anderen Gründen allein erziehenden Elternteil.

Für alle gilt übereinstimmend, dass die Eltern-Kind-Beziehung sich unter dem Eindruck der störenden oder erschwerten Bedingungen verändert oder sich von vornherein nur beeinträchtigt entwickeln kann.

Die Beeinträchtigung des Kindes

Aufgrund der Identifikation eines Kindes sowohl mit der Mutter als auch mit dem Vater wird seine Beziehung zu beiden Elternteilen stark gestört, wenn zwischen ihnen erhebliche offene oder auch unausgesprochene Konflikte bestehen. Das Kind versucht dann, beiden Elternteilen gerecht zu werden und trägt die Konflikte der Eltern in sich selbst aus. Oder aber es nimmt Stellung für den Elternteil, der ihm mehr entgegenkommt – und der damit das Kind als Bundesgenossen gegen den anderen gewinnt. Mit massiven Bestechungsversuchen, wie Geschenken und Vergünstigungen, führen manche Eltern diesen Kampf um die Gunst des Kindes, das dabei zunehmend eines Elternteils beraubt wird, besonders, wenn es schließlich zur Scheidung kommt.

Geringfügiger scheint die Schädigung, wenn zwischen dem Kind und dem Elternteil, bei dem das Kind verbleibt, schon immer eine tragfähige Bindung bestand. Aber auch dann kann die anstehende einseitige Orientierung und Ausrichtung an nur noch diesem Elternteil Probleme mit sich bringen. Auf jeden Fall wird für das Kind mit der Trennung vom anderen Elternteil eine Bindung gestört, und damit entfallen eine Reihe von mit diesem Elternteil gelebten Verhaltensweisen, die eine Stütze der kindlichen Entwicklung waren.

Je intensiver insgesamt die Beziehungen zu dem verlorenen bzw. getrennt lebenden Elternteil waren (es verstand es vielleicht besonders, das Kind zur Selbständigkeit, zur Spontaneität und Kreativität und zum Aufbau eines stabilen Ich anzuregen), desto schwieriger gestaltet sich die darauf folgende Situation für das Kind. Dieser Erkenntnis tragen inzwischen viele Eltern bei der Festlegung der Trennungsmodalitäten Rechnung, indem sie versuchen, unabhängig von ihren Konflikten, dem Kind auch nach der Trennung den regelmäßigen und intensiven Kontakt zum außerhalb lebenden Elternteil zu ermöglichen.

Äußere Belastungen

Mit der sich ankündigenden oder vollzogenen Trennung einer Familie entstehen plötzlich neue, zumeist bedrückende Rahmenbedingungen. Die finanzielle Situation ist nur noch selten so gesichert wie vorher (durch einen nicht oder verspätet oder unregelmäßig zahlenden Ehepartner ergeben sich nach der Scheidung oft unmittelbare Existenzsorgen), eine neue Wohnung muss gesucht werden, und die neue Umgebung, die daraus resultiert, kann die bisherigen Gewohnheiten entscheidend verändern (andere Nachbarschaft, ungewohnter Kindergarten, größere Entfernung von bisherigen Freunden etc.) und es droht der Verlust von einigen Freunden der Familie, die sich dem anderen Partner zuwenden.

Die geschiedene Frau muss sich in der Regel – nach Jahren ohne Berufspraxis – in das inzwischen völlig veränderte Berufsleben einfinden, nebenbei den Haushalt führen und sich um ihr Kind kümmern. Und das alles bei oft erheblich eingeschränktem Familienetat. Daraus folgen häufig zunehmende Überarbeitung und Überlastung, verringerte Freizeit-, Erholungs- und Entspannungsmöglichkeiten, Überreizung und als Reaktion des Kindes Aggressionen, Vorwürfe und Ungehorsam.

Damit ist natürlich eine insgesamt außerordentlich stark belastende Situation entstanden, zumal die Chance einer Veränderung kaum gegeben ist. Die absehbaren Schwierigkeiten veranlassen gewiss viele Ehepartner – trotz großer Konflikte –, weiter zusammenzuleben und die vorhandenen Spannungen zu verdecken. Die Ehetherapie, die in solchen Situationen hilfreich sein kann, wird dabei leider viel zu selten in Anspruch genommen. In vielen Fällen kommt die Einsicht zu spät, dass beide Elternteile ihre Partnerbeziehung zu wenig gepflegt haben.

Die Bindung zwischen Kind und allein stehendem Elternteil

Nach der Trennung der Eltern entstehen natürlich in der Regel wesentlich stärkere Beziehungen des Kindes zu dem Elternteil, bei dem es lebt. Sowohl für das Kind als auch für diesen Elternteil bedeutet das eine erhöhte Belastung. Aus Angst, dass Konflikte diese Beziehung beeinträchtigen könnten, werden sie häufig verdrängt oder zumindest weniger offen geklärt, als das bei ausgeglichener Familiensituation der Fall wäre. Es entwickelt sich unter Umständen eine besondere Art, sich zu verständigen, man stellt sich völlig aufeinander ein. Dieses verengte und ungewöhnliche Verhalten stößt dann wiederum Außenstehende ab.

In manchen Fällen nimmt das Kind vielleicht erst nach Jahren (als Jugendliche/r) wieder Kontakt zum getrennt lebenden Elternteil auf und idealisiert ihn dann: eine herbe Enttäuschung für den bis dahin intensiv sorgenden und mit dem Alltag (unter anderem der Schule) geplagten Elternteil.

Kontakt des Kindes zum getrennt lebenden Elternteil

Wie oben bereits erwähnt, versuchen mehr und mehr getrennt lebende Eltern, dem Kind auch weiterhin den Kontakt zu beiden Elternteilen zu ermöglichen, nachdem in unserer Gesellschaft immer mehr Sensibilität für die Situation von Scheidungskindern geschaffen wurde (z. B. durch Filme wie «Kramer gegen Kramer», Bücher, aber auch durch eigene Erfahrungen im Bekanntenkreis; die Scheidungsquote konnte dadurch allerdings nicht – jedenfalls nicht merklich – beeinflusst werden).

Auch wenn in strittigen Fragen noch Uneinigkeit zwischen den Eltern herrscht oder diese sogar jeglichen Kontakt untereinander meiden, vereinbaren sie häufig verbindliche Regelungen im Sinne des Kindes. Nicht selten richtet daher auch der getrennt lebende Elternteil ein Kinderzimmer ein, sodass sich das Kind auch hier heimisch und nicht als Gast fühlt. Wichtig ist die Regelmäßigkeit und Verbindlichkeit dieser Kontakte, damit sie zur Selbstverständlichkeit für das Kind werden und eine ungezwungene Beziehung zum getrennt lebenden Elternteil ermöglichen. Die räumliche Nähe beider elterlichen Wohnungen ist dafür allerdings Bedingung.

Ungünstig ist es, wenn das Kind bei dem getrennt lebenden Elternteil nur Feiertage verbringt. Dann besteht die Gefahr, dass das Kind wegen der besonderen Situation (ausreichend Zeit zum Spielen, für Spazierfahrten u. Ä.) dem Elternteil Schwierigkeiten macht, bei dem es ständig lebt. Außerdem entsteht ein verzerrtes Bild vom anderen Elternteil.

Das Bedürfnis des Kindes, Kontakt und Kommunikation auch weiterhin zu beiden Elternteilen zu haben, kann dadurch erheblich gestört werden, dass ein Elternteil seinen Konflikt mit dem geschiedenen Ex-Partner über das Kind austrägt und es zum Bundesgenossen gegen den anderen Elternteil macht.

Problematische Rollenverteilung – besonders nach der Trennung

Im Elternbuch 4 wurden bereits verschiedene Rollen beschrieben, in die das Kind aufgrund bestimmter einseitiger elterlicher Bedürfnisse und Wünsche gedrängt werden kann: in die Rolle des Sündenbocks, eines umstrittenen Bundesgenossen oder einer Ersatzperson (der Vater sieht z. B. in seiner Tochter seine eigene Mutter).

Hier soll verdeutlicht werden, wie das Kind von einem Elternteil als Ehegattenersatz missbraucht werden kann, wenn die Beziehung zwischen den Ehegatten gestört oder abgebrochen ist.

Für die weitere sexuelle Entwicklung des Kindes ist entscheidend, in welchem Maße ein Elternteil das Kind unbewusst (oder auch bewusst) in diese Ehepartner-Ersatzrolle drängt und in welcher Entwicklungsphase des Kindes das geschieht; vom sechsten / siebten bis etwa zehnten / elften Lebensjahr wirken sich schädliche Einflüsse besonders stark aus.

Wird eine derartige Bindung von Mutter zu Sohn oder Vater zu Tochter zu lange aufrechterhalten, misslingt dem Kind später die Zuwendung zu einem geeigneten außerfamiliären Partner. Bei jedem derartigen Kontakt entstehen Schuldgefühle, die das zunehmend partnerorientierte Verhalten, das sich sonst nach der Pubertät entwickelt, verhindern.

Der Sohn als Ersatz für den Ehemann

Mütter, die ihren Sohn zum Ersatzpartner machen, sind in ihrer eigenen sexuellen Entwicklung nicht ausgereift. Sie lehnen die zu aggressiven Erscheinungsformen des männlichen Sexualverhaltens ab, ziehen daraus jedoch eine nicht akzeptable Konsequenz: Nach dem Scheitern der Ehe oder wenn in der Ehe ständig starke Spannungen herrschen, wendet sich in solchen Fällen die Mutter dem weniger aggressiven, dem sanften männlichen Partner zu, dem Kind. Sie achtet dann auf möglichst erwachsen wirkende Kleidung des Jungen. Sie erwartet von ihm weniger kindliches Verhalten. Sie badet das Kind bis ins Schulalter, obwohl es sich selbst waschen könnte.

Oft erscheint derartiges mütterliches Verhalten wie besondere Sorge und Zuwendung zum Kind. Die eigene Einstellung zur Sexualität verhindert dann in der Regel, dass sich die Mutter einem anderen erwachsenen Partner zuwendet. Je nachdem, ob sich die Mutter mehr aktiv oder passiv verhält, entwickeln sich beim Kind unterschiedliche Einstellungen:
– Die aktive Mutter begünstigt bei dem Jungen Zurückhaltung und große Anpassungsbereitschaft.
– Die passive Mutter erhöht ihren Sohn zum Beschützer, fördert bei ihm aggressive und deutlich männliche Verhaltensweisen.

Die Tochter als Ersatz für die Ehefrau

Voraussetzung für solches Verhalten des Ehemannes ist – ähnlich wie bei der Frau –, dass seine eigene sexuelle Entwicklung gestört verlaufen ist: bei sexueller Intimität wird beispielsweise Angst ausgelöst.

Die erlebte Frustration lässt ihn sich dann der harmlosen weiblichen Ersatz-Partnerin zuwenden – der Tochter. Sie wird gegenüber einer erwachsenen Partnerin bevorzugt und zu einer Freundin und vertrauten Gefährtin herangezogen. Das Kind empfindet die Zuwendung des Vaters als Bevorzugung, die es sich gern gefallen lässt, und entwickelt dabei Eigenschaften, die dem Vater erwünscht sind.

Eine Haltung, die so entstehen kann, ist die des charmanten Kindes, das mit einem gewinnenden Lächeln seine Ziele zu erreichen versucht – womit es später in aller Regel scheitert.

Ausgleichende Verhaltensweisen

Abhängig von der Situation nach der Trennung und je nachdem, um welche Kind-Elternteil-Konstellation es sich handelt, sind im Einzelnen ausgleichende Verhaltensweisen möglich, die teilweise oben bereits beschrieben wurden (Aufrechterhaltung des Kontaktes zum getrennt lebenden Partner):

▶ Versuchen Sie, jeglichen Kontakt des Kindes zu gleichaltrigen Kindern zu fördern. Achten Sie bewusst darauf, sich durch das Kind nicht in der Entwicklung eigener Beziehungen (auch sexueller) einengen zu lassen. Auch die eigene Einstellung zum partnerschaftlichen sexuellen Verhalten sollte überprüft werden.

▶ Offenheit und Gespräche mit dem Kind sind äußerst wichtig! Sprechen Sie mit Ihrem Kind über die Probleme, die zur Trennung geführt haben, und erklären Sie ihm die Gründe für die Scheidung ebenso wie die Schwierigkeiten, die sich daraus ergeben.

▶ Ein Fachmann, Ehe- oder Familientherapeut bzw. ein Psychotherapeut/-analytiker, kann helfen, fehlgeleitetes Verhalten zu erkennen und zu verändern.

▶ Der Kontakt zum getrennt lebenden Elternteil kann nicht immer wunschgemäß geregelt werden. Vereinbarung und Organisation der Besuche bereiten z. B. oft Schwierigkeiten. Gestaltet sich diese Beziehung andererseits allerdings gut, kann das Kind nur schwer verstehen, warum die Eltern getrennt leben. Das kann zu einer Verunsicherung und einer ablehnenden Einstellung gegenüber einer neuen konstanten Partnerbeziehung führen. Geben Sie dem Kind auf jeden Fall ausreichend Zeit, sich an die neuen Verhältnisse zu gewöhnen.

Erziehungsaufgaben im fünften Lebensjahr

Entwicklung des Wertbewusstseins

Ein Kind sollte nicht zu normgemäßem Verhalten – also einem Verhalten im Sinne seiner Erzieher bzw. Eltern – gezwungen werden. Es empfindet von selbst den Wunsch, so zu sein wie die anderen. Es entwickelt üblicherweise und selbstverständlich das Bedürfnis, der Norm gemäß zu handeln, wenn es das erwünschte Verhalten bei seinen Eltern beobachten kann.

Zwar kann die Beachtung von Werten auch durch Strenge oder durch bestimmte Versprechungen

erreicht werden: «Wenn du dein Schwesterchen nicht mehr schlägst, bekommst du zum Geburtstag ein Fahrrad!» – eine höchstens 14 Tage vor dem Geburtstag wirksame Maßnahme. Die Befolgung ist dann allerdings von einer Person abhängig, die über die Ausführung der Gesetze wacht und Strafe oder Belohnung ankündigt. Ist diese Kontrollfunktion gestört, bricht das System zusammen. Ein so erzogener Mensch wird seine moralischen Entscheidungen nie frei treffen. Er erlebt sie als etwas von außen Auferlegtes, ihm Aufgezwungenes. Angst vor der Strafe oder die Hoffnung auf persönliche Vorteile statt Einsicht sind der Antrieb für sein Handeln, seine moralischen Überzeugungen und wirklichen Einstellungen, sein Gewissen wird allenfalls schwach entwickelt.

Das Kind (und später der Erwachsene) sollte also Werte eigenständig bejahen und sich aus eigenem Antrieb danach richten. Es übernimmt sie zunächst nicht aus Überzeugung, sondern durch Vorbildverhalten gesteuert, sieht sie bewährt und macht sie sich zu eigen. Schließlich werden diese Werte seine eigenen Ziele, von deren Verwirklichung sein Selbstwertgefühl abhängt. Voraussetzung dafür ist eine positive emotionale Bindung an die Erziehungspersonen. Das Vertrauen in sie bildet die Grundlage für die Identifikation mit ihren Werten. Emotionale Bindung und Identifikation entstehen bereits in den ersten Lebensjahren.

Ein weiterer Schritt in der Gewissensbildung ist die zunehmende Fähigkeit des Kindes, sein eigenes und fremdes Verhalten kritischobjektiv zu beurteilen. Es kann jetzt selbst feststellen, ob es richtig oder falsch gehandelt hat (und ob andere es tun). Wenn es gegen die übernommenen inneren Werte verstößt, stellt sich das so genannte schlechte Gewissen oder Reue ein.
Um jedoch quälende, unproduktive Schuldgefühle zu vermeiden, sollten die Eltern gerade in diesem Alter darauf achten, dass auch zwischen lediglich dem Wunsch, etwas Böses zu tun, und der tatsächlichen Ausführung unterschieden wird. Dem Kind muss erlaubt sein, verbotene Impulse zu verspüren und sie zu zeigen, ohne dass es dafür verurteilt wird. Erst die Tat wird bewertet. Es ist ganz natürlich, dass das Kind impulsiv negative Phantasien hat.

Je mehr Verständnis die Eltern dafür zeigen, desto besser helfen sie dem Kind bei der Kontrolle seiner Gefühle: Verbote sollten nicht drohend gegeben werden – das kann

ihre Faszination steigern –, sondern in klarer Regelform: «Kleinere Kinder schlägt man nicht, weil …»

Allgemeine Gebräuche – zum Beispiel Tischmanieren – sollten nicht nach moralischen Wertmaßstäben beurteilt werden («Du bist kein liebes Kind, weil du gekleckert hast!»). Damit würden nur Schuldgefühle

am falschen Platz erzeugt: Schuldgefühle verunsichern mehr, als dass sie zu konstruktivem Handeln beitragen. Wenn das Kind sich mit dem verbotenen Messer schneidet, nützen ihm anschließende Vorwürfe nichts. Besser ist es, die praktischen Fähigkeiten durch Anleitung und Übungen zu erweitern.

Leistungsmotivation

Auch Arbeit und Leistung sollten immer weniger von außen durch Anerkennung, Belohnung oder ablehnendes Verhalten manipuliert werden. Stattdessen kann der Wunsch gefördert werden, sich um der Sache willen anzustrengen mit dem Wunsch, das Beste aus ihr zu machen (intrinsische Motivation): Leistungsmotivation ist das Bestreben, die Fähigkeiten und Fertigkeiten (Kompetenzen) so zu steigern oder zu erhalten, dass ein verbindlicher Gütemaßstab erreicht wird.

Der Gütemaßstab hängt teilweise vom erzielten Leistungsstand ab: Gewöhnlich wird er nach einem

Erfolg erhöht, nach einem Misserfolg beibehalten oder verringert. Erfolgs- oder Misserfolgsgefühle erlebt man besonders, wenn die Aufgabe einen mittleren Schwierigkeitsgrad besitzt. Wenn alles zu leicht fällt, bewertet man das Gelingen nicht als Erfolg; umgekehrt wird das Scheitern bei einer sehr schwierigen Aufgabe nicht als Misserfolg erlebt.

Erstrebenswert ist eine hohe intrinsische Leistungsmotivation, die der Hoffnung auf erfolgreiche Erledigung der Aufgabe entspringt. Weniger gut ist es, wenn die Leistungsmotivation aus der Furcht vor Misserfolg entsteht, weil die dabei entstehenden Spannungen immer stärker werden. Bei zusätzlichen Belastungen (Prüfungssituation, Zeitdruck, technische Panne) können dann leicht Blockaden auftreten: übermäßige Unsicherheit und die Unfähigkeit, das Problem ruhig zu durchdenken.

Untersuchungen zufolge sind das fünfte bis achte Lebensjahr ausschlaggebend für die Entwicklung der Leistungsmotivation. Eltern sollten in diesem Alter durchaus Anforderungen an ihr Kind stellen. Voraussetzung ist jedoch, dass die Aufgaben dem jeweiligen Entwicklungsstand des Kindes angemessen sind und Erfolge mit Anerkennung honoriert werden. Früher Leistungsdruck wirkt hemmend, die Ansprüche dürfen nicht zu hoch angesetzt sein.

Sexualerziehung

Kinder dieses Alters zeigen jetzt erste Ansätze von Scham. Sie wollen zum Beispiel nicht, dass Fremde oder auch die Eltern ihnen beim Aus- oder Umziehen zusehen. Natürlich sollte das in keiner Weise ins Lächerliche gezogen werden. Das gilt auch, wenn das Kind plötzlich die Zärtlichkeiten der Mutter abwehrt.

Wenn der Sohn sich mit seinem Penis, die Tochter mit der Klitoris beschäftigt, kann man sein Kind je nach persönlicher Einstellung entweder gewähren lassen oder ablenken. Verbote können eine unerwünschte Fixierung bewirken. Sexualität auf diese Weise zu erkunden wird sich – wie auch das Doktorspielen – in den nächsten Jahren von selbst verlieren (sexuelle Latenzphase zwischen ca. acht und elf bis zwölf Jahren bei Mädchen, neun und zwölf bis 14 Jahren bei Jungen).

Aussagen und Erklärungen der Eltern zu sexuellen Themen haben eine große Bedeutung für das Kind. Wenn Sie bei Ihrem Kind falsche oder einseitige Sexualvorstellungen feststellen, sollten Sie korrigierend eingreifen. Es genügt im Allgemeinen, wenn alle Fragen des Kindes offen beantwortet werden.

Wenn Ihr Kind allerdings überhaupt keine Fragen zu sexueller Thematik stellt und auch keine Aussagen dazu macht, sollten Sie ihm durch eigene Impulse oder Aussagen einen Frage- oder Gesprächseinstieg schaffen. Es bekommt die Antworten sonst unkontrolliert von anderen Kindern und aus den Medien.

Überlegen Sie sich genau, welche Informationen Sie Ihrem Kind vermitteln wollen. Sprechen Sie darüber auch bei Gelegenheit mit anderen Eltern, die ein Kind im selben Alter haben.
Was Sie ihm über das Thema im Einzelnen sagen, liegt selbstverständlich in Ihrem eigenen Ermessen. Zu wenig zu informieren ist problematisch, weil Ihr Kind sonst anderswo einseitige Bemerkungen, Hinweise oder Teilerklärungen erhält. Zu viele Informationen wecken möglicherweise Neugier und Interessen bei Ihrem Kind, die im Vergleich mit Entwicklung und Förderung anderer gleichaltriger

Kinder zu weit gehen und Ihr Kind zum Außenseiter machen. Versuchen Sie einen Mittelweg:

▸ Sicherlich weiß Ihr Kind, wie Kinder geboren werden – das sollten sie ihm andernfalls veranschaulichen. Es eignen sich dazu z. B. Fotos aus Zeitschriften für Eltern zu Schwangerschaft und Geburt; wie sehr Sie dabei detaillierte Informationen geben, liegt bei Ihnen – Ihr Kind sollte durch die Informationen erfahren, dass Kinder gebären ein natürliches Ereignis ist, dass es für die Mutter meistens, vor allem beim ersten Kind, sehr schmerzhaft ist und dass der Wunsch, ein Kind zu bekommen, planbar ist.

▸ Vermeiden Sie Vergleiche mit Tieren. Das Denken und Fühlen des Menschen unterscheidet sich zu sehr von Tieren, als dass Sie im Kontext von Sexualität auf Tiere Bezug nehmen sollten.

▸ Ihr Kind sollte von Ihnen erfahren, dass ein neuer Mensch in der Vereinigung von Vater und Mutter gezeugt wird. Dazu gehört sehr wesentlich, dass Sie darüber sprechen, dass die Vereinigung mit dem Ziel, ein Kind zu bekommen, nur vollzogen werden soll, wenn sich die beiden erwachsenen Partner lieben: wenn sie schon längere Zeit miteinander leben, wenn sie beieinander bleiben wollen, wenn sie füreinander Verantwortung übernehmen wollen, wenn sie beide für das Kind bis zu dessen Volljährigkeit sorgen wollen.

▸ Verschweigen Sie nicht, dass die Vereinigung den erwachsenen Partnern Spaß macht und dass es in jedem Fall eine sehr persönliche Handlung ist, die ohne Zuschauer und ungestört möglich sein sollte.

Verwenden Sie bei einer Information oder Erklärung zu Liebe und Sexualität Wörter und Sätze, die Ihr Kind versteht und die zugleich geeignet sind, das Nichtalltägliche von Sexualität zu verdeutlichen (verwenden Sie nicht die umgangssprachlichen oder mundartlichen Ausdrücke: Ihr Kind würde sonst Sexualität in Verbindung mit den oft obszönen Straßenausdrücken bringen, und Sie würden in ihm Einstellungen und Vorstellungen verankern, die sehr einseitig und damit auch falsch sind).

Erziehungsmethoden

Wichtige Bedingungen in der Eltern-Kind-Beziehung

Die Beziehung zwischen Eltern und Kindern ist weitgehend von der Tatsache abhängig, wieweit das Kind – auch unbewusst – akzeptiert wird. Aber auch ohne direkte oder unbewusste Ablehnung kann es zwischendurch zu großen Schwierigkeiten kommen, wenn eine neue Belastung von außen die Familie betrifft (z. B. Arbeitslosigkeit), wenn Spannungen zwischen den Eltern auftreten oder wenn die Eltern in einer kritischen Entwicklungsphase ihres Kindes mit ihren erzieherischen Mitteln nicht weiterkommen.

Solche Ereignisse können die spontane Liebe und Zuneigung der Eltern zum Kind zeitweilig erheblich belasten. Da es für die einzelnen Familienmitglieder, insbesondere in der Kleinfamilie, in der Regel kaum Möglichkeiten gibt, einander aus dem Wege zu gehen, entladen sich die Spannungen mitunter heftig oder nehmen immer weiter zu.

Ohne solche außergewöhnlichen Belastungen, solange also alles normal läuft, kann davon ausgegangen werden, dass die intensive Liebe der Eltern zu ihrem Kind viele Spannungen und Schwierigkeiten zu überwinden hilft. Die Bereitschaft, aufeinander zuzugehen, bleibt auch während und nach einem Konflikt bestehen.

Die elterliche Liebe ist übrigens kein unerwidertes Erleben und Verhalten: Das Kind reagiert seinerseits auf die erkennbare Zuneigung, indem es vor allem aufgrund von Identifikationswünschen und über das Modelllernen seine Eltern liebt. Es zeigt seine Liebe durch Zärtlichkeiten wie Streicheln, Küssen, durch Aussagen («Ich hab dich lieb»), durch Handlungen wie spontane Mithilfe und eventuell durch Geschenke.

Ein wichtiger Unterschied gegenüber sonstigen zwischenmenschlichen Beziehungen ergibt sich beim Eltern-Kind-Verhältnis aus der Überlegenheit der Eltern. Sie wissen mehr, sie können ihre Wünsche eher aufschieben, sie haben größeren Einfluss, sie sind fest im Umfeld und der Gesellschaft (einschließlich Leistungssystem) eingebunden. Diese Überlegenheit darf allerdings nie zuungunsten des Kindes genutzt werden, wenn die emotional-affektive Basis, das gegenseitige Verständnis und Vertrauen nicht gefährdet werden sollen. Mehr noch – diese Überlegenheit verpflichtet die Eltern, ihren Kindern über Jahre hinweg wesentlich entgegenzukommen und sich mit ihrem Aktionsraum danach zu richten, dass die Bedürfnisse, Wünsche und Interessen des Kindes nicht beeinträchtigt werden.

Um eben diese Bedürfnisse möglichst genau zu kennen, sollten die Eltern sich nicht nur auf ihre täglichen eigenen Beobachtungen stützen, sondern auch Gespräche mit anderen Eltern führen sowie einschlägige Informationen aus Büchern, Fernseh- und Rundfunksendungen einbeziehen. So können sie ihr eigenes Verhalten auf die Wünsche und Anliegen des Kindes abstimmen – beispielsweise was Spielen, Lernen und soziale Interessen angeht oder das Streben des Kindes nach größerer Selbständigkeit.

Insgesamt haben Eltern die Verpflichtung, alle ihre Verhaltensweisen so zu steuern, dass eine günstige Entwicklung der Gesamtpersönlichkeit des Kindes kontinuierlich gewährleistet ist.

Die Erziehung soll sich selbst überflüssig machen

Ein besonderer Aspekt der Eltern-Kind-Beziehung ergibt sich daraus, dass das heranwachsende Kind sich schrittweise von den Eltern lösen muss. Zunächst sollte es über sich und sein Verhalten immer mehr mitbestimmen dürfen, um dann schließlich als mündiger junger Erwachsener alle Entscheidungen selbst in die Hand nehmen zu können. Es ist also unerlässlich, dass sich die Eltern mit ihrer sicher wohl gemeinten Einflussnahme immer weiter zurückhalten.

Dabei sollte die jeweils noch bestehende Abhängigkeit des Kindes als ein selbstverständlicher Tatbestand betrachtet werden, der keiner Diskussion bedarf. Günstiger ist es jedenfalls, immer davon zu sprechen, was ein Kind bereits selbständig

kann, bei welchen Handlungen eine Mitwirkung oder die Aufsicht der Eltern noch notwendig ist.

Aufgrund seiner Entwicklungsfortschritte ist das Kind immer mehr in der Lage, die Verantwortung für einzelne Tätigkeitsbereiche zu übernehmen. Die Aufgabe der Eltern ist es deshalb:

– die Bereiche, in denen das Kind entsprechend seiner Entwicklung und seiner besonderen Erfahrungen selbständig handeln kann, zu erkennen;
– vernachlässigte Bereiche zu beachten und dem Kind darin zu mehr Selbständigkeit zu verhelfen;
– sich selbst entsprechend den vorhandenen Kompetenzen des Kindes zurückzunehmen und
– sich durch gelegentliche Beobachtungen zu versichern, dass die in die Verantwortung des Kindes übertragenen Bereiche und Aufgaben tatsächlich kontinuierlich und konstruktiv wahrgenommen werden.

Zusammenfassend kann man das anzustrebende Verhältnis zwischen Eltern und Kind als partnerschaftlich und gleichberechtigt bezeichnen – auch wenn die Persönlichkeitsentwicklung des Kindes noch nicht abgeschlossen ist.

Was sind Erziehungs-
maßnahmen?

Das Wort Erziehungsmaßnahmen
bedarf zunächst einer Erläuterung.
Gemeint sind hier spezielle Erzie-
hungsmittel oder -methoden, die
der Erwachsene gezielt einsetzen
kann – beiläufig oder vordergrün-
dig –, wie zum Beispiel Bestätigung,
Anerkennung oder Lob. Missbilli-
gung oder Entrüstung sind weniger
empfehlenswerte Erziehungsmaßnahmen, da sie dem Kind meistens
nicht weiterhelfen: Sie zeigen ja
nicht den erwünschten Weg.

Vor allem die unbewusst angewand-
ten Erziehungsmaßnahmen bestimmen das Verhalten des Kindes mit.
Ob Sie in seiner Gegenwart sprechen oder schweigen, ob Sie zu ihm
freundlich-aufmerksam hinsehen
oder nicht, sich etwas von ihm zeigen lassen oder keine Zeit dafür finden – ganz gleich, wie Sie die kindliche Umwelt gestalten, Ihr Kind
wird ständig von Ihnen beeinflusst.
Auch das Nichtstun hat eine Wirkung auf Ihr Kind: Es ist dann verstärkt auf sich selbst gestellt und
findet zu wenig Bestätigung. Der
Grundsatz: «Ich lasse es sich so entwickeln, wie es will!» ist deshalb
auch eine Art der Einflussnahme,
eine zunächst für den Erwachsenen
sehr bequeme, die allerdings später

in der Regel wenig günstige Folgen
nach sich zieht.

Denken Sie also daran: Alle erzieherischen Maßnahmen, alle Aktivitäten Ihrerseits wirken auf Ihr Kind
ein. Sind sie auch im Einzelnen
geringfügig, auf die Dauer wirken
sie bedeutsam auf die Persönlichkeitsentwicklung des Kindes und
auf sein Verhalten.

Wirkungen der Erziehungs-
maßnahmen

Ausreichende Information

Wenn Sie von Ihrem Kind ein bestimmtes Verhalten erwarten, müssen Sie ihm zunächst das Ziel klar
nennen, es begründen – wenn das
Kind den Grund noch nicht kennt –
und gegebenenfalls den Weg, auf
dem es das Ziel erreichen kann, beschreiben.

Die Begründung, warum ein Ziel
erreicht werden soll, ist wichtig:
Eine umfassende Erklärung sorgt
für Verbindungen mit schon bekannten Informationen und fördert
ein schlüssiges Gesamtbild von an-
zustrebenden Zielen einerseits und
falschem Verhalten andererseits.

In bestimmten Situationen erinnern Ihre Informationen und Hinweise Ihr Kind daran, was Sie gesagt haben, während isolierte Handlungsanweisungen (z. B. als Befehle) nicht verallgemeinernd aufgefasst und deshalb auch nicht in neuen Situationen angewandt werden. Wenn Sie zum Beispiel nur sagen: «Wasch dir die Hände!», weiß Ihr Kind vielleicht weder, wann es die Hände im Allgemeinen waschen soll, noch warum es sie jetzt waschen soll.

Durch Begründungen fühlt sich Ihr Kind außerdem als selbstverantwortlich angesprochen. Wenn Ihnen gelegentlich selbst auffällt, dass Sie nur eine kurze Anweisung gegeben haben, sollten Sie später über diese Anweisung nochmals sprechen, sie Ihrem Kind begründen und auch erklären, warum Sie sie nicht gleich genauer erläutert haben (keine Zeit, übersehen usw.).

Begründete Informationen helfen bei der Entwicklung eines Wertsystems: Neben den einzelnen erwünschten Verhaltensweisen lernt das Kind die Begründungen für die allgemeinen Regeln und Normen der Gesellschaft kennen und sieht einzelne Verhaltensweisen in größerem Zusammenhang. Punktuelle Informationen wirken dagegen nur

als Dressurakte, mit denen sich das Kind nicht identifiziert und die es deshalb bei Gelegenheit wieder aufgeben wird.

Sie können die erwünschten Zielsetzungen auf verschiedene Art und Weise verdeutlichen und im Sinne positiv motivierender Erziehung festigen:
- durch konkretes Vormachen;
- durch genaue Beschreibung der gewünschten Handlungsweise;
- durch Gespräche, in denen Sie die wichtigen Informationen vertiefen, oder auch dadurch, dass Sie Ihr Anliegen in eine Geschichte einbauen, etwa wie der Räuber sich – welch ein Wunder – immer sorgfältig die Nase putzt;
- durch die Besprechung und Beurteilung eines falschen oder richtigen Verhaltens, das Ihr Kind bei anderen Menschen wahrnimmt;
- durch das ständige eigene Vorbild.

Vorgabe der Zielhandlung mit oder ohne Spielraum

Nutzen Sie unbedingt das große Spektrum offener Erziehungsmaßnahmen aus: Äußern Sie Wünsche und Bitten, die Ihr Kind leicht erfüllen kann. Aufgrund der Bittform erlebt sich das Kind als selbstverantwortlich – das trägt erheblich zur Entwicklung seiner Selbständigkeit und des Wertebewusstseins bei.

Selbstverständlich erfüllt Ihnen Ihr Kind nicht jede Bitte; das können Sie bei einer Bitte auch nicht erwarten – sie muss auch unerfüllt bleiben dürfen. Ihr Kind erfährt in diesem Zusammenhang auch, welche Folgen eine nicht erfüllte Bitte hat: ob Sie die Weigerung akzeptieren, ob Sie beleidigt sind oder sich zurückziehen – was allerdings recht ungünstig wäre, weil diese Reaktionen bei Ihrem Kind unberechtigte Schuldgefühle oder Angst vor dem Verlust der elterlichen Zuwendung auslösen könnten. Falsch ist selbstverständlich auch, eine unerfüllte Bitte als Befehl zu erteilen. Als Resultat solch zynischen Verhaltens wäre das Kind gedemütigt, es würde sich zurückziehen oder auch aggressiv reagieren. Je partnerschaftlicher Ihre Beziehung zum Kind ist, desto eher wird es einer Bitte von Ihnen nachkommen.

Während Ihr Kind bei der Äußerung einer Bitte in eine bestimmte Richtung hin beeinflusst wird, ist der Entscheidungsspielraum des Kindes bei der Vorgabe von mehreren Vorschlägen enger. Eine derartige lenkende Erziehungsmaßnahme ist für die Entwicklung des Kindes günstig, da es seine Entscheidungsfähigkeit übt.

Bitten und Vorschläge können auch kombiniert werden. («Ich bitte dich mitzuhelfen, jetzt aufzuräumen, den Tisch zu decken oder Getränke aus dem Keller zu holen.») Je älter das Kind ist, desto mehr sollte es auch selbst verschiedene Vorschläge machen – dann wählen Sie aus.

Wenn Sie auf offenen Widerspruch Ihres Kindes treffen, überzeugen Sie sich, ob es Ihre Gründe und deren Bedeutung richtig verstanden hat. Gleichzeitig sollten Sie auch überprüfen, ob die in Ihrem Interesse gemachte Aussage (Bitte, Vorschlag, Auftrag, Anweisung) tatsächlich die Bedürfnisse und Interessen Ihres Kindes ausreichend berücksichtigt; und schließlich, ob es wirklich wichtig ist, das gesetzte Ziel zu erreichen. Vermeiden Sie unnötige Machtproben.

Trotzdem werden Sie auch in Situationen kommen, in denen Sie nur mit einem bestimmten Auftrag etwas erreichen können. Sie sollten sich dann aber darüber im Klaren sein, dass derartige Anweisungen die Selbstbestimmung Ihres Kindes nicht fördern, sondern ihr zuwiderlaufen. Sie unterstützen damit die Abhängigkeit (und Hörigkeit) des

Kindes von autoritären Instanzen oder den offenen Widerspruch und Protest als unreflektierte Trotzhaltung. Sie untergraben also die erwünschten Entwicklungsschritte hin zum mündigen Verhalten. Verzichten Sie deshalb so viel wie möglich auf strikte Anweisungen.

Ausnahme: Wenn sich Ihr Kind in Gefahr befindet, muss es Ihre Anweisungen prompt und zuverlässig befolgen! Der Notruf «Stehen bleiben!» kann Ihrem Kind das Leben retten. Verwenden Sie für solche Notsignale eine sonst nicht gebrauchte alarmierende Stimmlage

(laut, impulsiv, durchdringend) – das wird wahrscheinlich sowieso der Fall sein.

Einflussnahme durch Verstärkung

Wenn ein bestimmtes Verhalten Erfolg hat, wendet das Kind diese Möglichkeit, etwas Bestimmtes zu erreichen, zukünftig weiter an. Auch eine zum Erfolg ausgesprochene Anerkennung wird in der Regel zu einem Verstärker, genauso wie der Erfolg selbst. Schon die erwünschte Anerkennung allein kann so zum Auslöser einer Handlung werden.

Verstärkung als Mittel der Verhaltenslenkung kann auf verbale Arten zum Ausdruck kommen: als Anerkennung («prima» oder «sehr gut»), als Ermutigung («Mach wei-ter so!»), als Zustimmung («mhm»). Sie kann aber auch materieller Art sein, z. B. in Form von Lieblingsessen, Gummibärchen, Luftballons oder einer Flasche Seifenblasenwasser. Solche Belohnungen sollten jedoch ohne vorherige Ankündigung gegeben werden, damit sie nicht zum eigentlichen Zweck der Leistung Ihres Kindes werden.

Es ist wichtig, eine Form der Verstärkung zu wählen, die der Handlung angemessen ist: Zum Beispiel hat sich das Kind außer der verbalen Anerkennung eine kleine materielle Belohnung für die ersten Meter, die es ohne Hilfsmittel schwimmt, verdient, vielleicht eine Tafel Schokolade o. Ä.

Die Verstärkung sollte möglichst bald nach der erfolgreichen Handlung erfolgen. Je rascher, desto größer die verstärkende Wirkung. Man spricht deshalb von «Sofort-Verstärkung».

Besonders günstig sind Verstärkungsarten, die weitgehend oder ausschließlich sachorientiert sind. Bei dieser Form der Anerkennung wird dem Kind der Zusammenhang zwischen seiner Handlung und den Vorteilen, die sich daraus ergeben, aufgezeigt. «Prima, dass du deine Schuhe jetzt allein zubinden kannst. Wenn sie dir mal auf dem Spielplatz aufgehen, kannst du sie selbst zubinden. Du wirst dann nicht mehr darüber stolpern.» Oder: «Ich sehe, dass du schon eine halbe Stunde ruhig sein kannst, deshalb nehme ich dich jetzt ins Marionettentheater mit, wenn du dazu Lust hast.»

Vergessen Sie auch nicht, folgende Verstärkungsregeln zu beachten:

▸ Zeigen Sie Anerkennung oder Lob nicht ständig, sondern unregelmäßig und überraschend – dann ist die Wirkung größer.

▸ Heben Sie auch zwischendurch Handlungen anerkennend hervor, die Ihr Kind schon längere Zeit beherrscht – das zeigt ihm, dass Sie nicht nur die neu gelernten, sondern auch die früheren Leistungen für wichtig halten!

▸ Verzichten Sie immer mehr auf personbezogene Anerkennung (z. B. «Damit hast du mir eine große Freude gemacht!») zugunsten der sachorientierten («Du hast gut gespielt!»).

▸ Verstärken Sie nicht nur Handlungen, sondern auch kognitive Leistungen, wie zum Beispiel Überlegungen («Prima, da hast du gut nachgedacht» oder «Richtig, das ist eine gute Idee!»).

Begründen, um unerwünschte Verhaltensweisen abzubauen

Sicher werden Sie immer bemüht sein, dass Ihr Kind sich gar nicht erst Fehler aneignet, sondern gleich alles richtig macht. Sie werden bestimmt auch versuchen, die jeweiligen Anforderungen so zu bemessen oder zu dosieren, dass sie Ihr Kind erfüllen kann. Dennoch werden Sie gelegentlich ein unerwünschtes Verhalten des Kindes ändern wollen oder müssen. Dieses unerwünschte Verhalten kann sich unvermittelt, zum Beispiel durch andere Kinder angeregt, eingestellt haben.

Weiter oben wurde bereits im Einzelnen dargelegt, warum begründete Informationen für Kinder wichtig sind. Um unerwünschte Verhaltensweisen abzubauen, kann – neben dem allgemeinen Begründen – auch das Argument überzeugen, dass das Kind selbst nicht möchte, dass sich jemand ihm gegenüber ebenso verhält, oder dass es schlimm wäre, wenn alle Menschen so handelten (Kant'scher Imperativ vereinfacht).

Unerwünschte Verhaltensweisen unbeachtet lassen

Das bewusste Übersehen eines unerwünschten Verhaltens kann oft zur Beendigung dieses Verhaltens führen. Das Kind erlebt vielleicht von allein, dass es sich falsch verhält. Sie sollten also erst einmal ohne Reaktion abwarten, wenn dabei kein Schaden entstehen kann. Jedenfalls verhindert vielleicht das Ignorieren eine allzu heftige Reaktion Ihrerseits, die aus einer momentanen Verärgerung heraus unüberlegt und unangemessen sein kann.

Strafen verschiedener Art

Sicherlich sollten Strafen das letzte Mittel sein, zu dem Sie greifen. Es gibt keine Situation, in der es nicht bessere Erziehungsmaßnahmen gäbe. Strafen sind zwar oft ein schneller Weg, auf dem Sie Ihr Ziel für begrenzte Zeit erreichen, in aller Regel erzielen Sie aber damit keine ablehnende Einstellung des Kindes zu dieser Handlung, also nicht die erwünschte Einsicht.

Die Strafe verhindert nur das falsche, sie zeigt nicht das richtige Verhalten. Ein Beispiel: Ein Kind wird bestraft, weil es eine Porzellantasse heruntergestoßen hat. Das Kind sollte also lernen, seine Bewegungen sorgfältiger zu steuern, wenn solche gefährdeten Objekte in der Nähe sind. Die Strafe verschüchtert es aber vielleicht so sehr, dass es in der Nähe von zerbrechlichen Gegenständen nur noch stärker zu fahrigen Bewegungen neigt.

Als sinnvolle Strafe kann allenfalls angesehen werden, wenn die natürliche Folge der Handlungsweise selbst bestrafend wirkt. Wenn das Kind also seine eigene Tasse (mit Bärchen oder Eisenbahn verziert) zerbricht, so ist es damit genügend bestraft: Nun hat es diese Tasse nicht mehr. Und wenn es den letzten Rest Milch verschüttet hat, so besteht seine Strafe darin, dass es nun etwas anderes trinken muss.

Eine Form von Strafe – allerdings nicht im engeren Sinne – ist die Wiedergutmachung des Schadens. Die Behebung des eigenen Missgeschicks, soweit dies möglich ist, sollte eigentlich selbstverständlich sein. Die Wiedergutmachung muss aber verhältnismäßig sein – das Kind kann von einem knapp bemessenen Taschengeld keine teure Porzellanvase kaufen.

Abzulehnen ist der weit verbreitete Entzug von Vergünstigungen als Strafe: weniger Fernsehen, Einschränkung des Taschengeldes oder kein Eis. Damit erzeugen Sie lediglich Wut und Trotz bei Ihrem Kind, die einer nüchternen Reflexion des Geschehens im Wege stehen.

Körperliche Strafen beeinträchtigen die Würde und das Selbstgefühl des Kindes, sie stören das Erziehungsklima. Ebenfalls abzulehnen ist jede Drohung, zum Beispiel: «Warte nur, dein Vater wird dir schon Manieren beibringen!» – womit der Vater zum Buhmann wird. Außerdem könnte das Kind – unter Umständen sogar wegen der Drohung – die verbotene Handlungsweise nur noch faszinierender finden. Auch hier ist die einfühlsame Information über die ungünstigen Folgen der Handlung der bessere Weg.

Schließlich sollte hier noch der Liebesentzug erwähnt werden, der von vielen Eltern als Erziehungsmethode eingesetzt wird. Die erlebbare und gezeigte Liebe der Eltern sollte nicht wesentlich schwanken und darf deshalb auch nicht vom Verhalten des Kindes in einzelnen Situationen abhängig gemacht werden. Denn gerade auf die dauerhafte Zuneigung und das unzerstörbare Einverständnis mit den Eltern muss das Kind bauen können. Umgekehrt sollten auch die Eltern mit der Zuneigung, die ihnen das Kind reaktiv entziehen kann, nicht spielen.

Wann eignet sich welche Erziehungsmaßnahme?

Erziehungsmethoden wie Anerkennung, Bereden oder Entzug von Vergünstigungen werden immer situationsbezogen angewandt. Bevor Sie also als Mutter oder Vater zu handeln beginnen, müssen Sie die gesamte Situation nochmals durchdenken:

– Kennt Ihr Kind Ihre Wünsche, Ihre Einstellungen, Ihre Anweisungen, erinnert es sich daran?
– Weiß Ihr Kind, dass es sich um verbotene Handlungen oder Verhaltensweisen handelt? – Sie müssen gegebenenfalls ergänzende Sachinformation geben.
– Hat sich etwas geändert, sodass die Situation neuartig ist und zusätzliche Erklärung verlangt?
– Handelte Ihr Kind selbständig, oder ist es dem Einfluss anderer Kinder erlegen?
– Glaubt es, die Anerkennung oder Zustimmung anderer Kinder zu verlieren, wenn es sich an Ihren Wunsch hält? Fürchtet es, sonst Außenseiter zu sein?

– Was passiert, wenn Sie die ganze Sache nicht so ernst nehmen? Hilft eine humorvolle Interpretation, ein scherzhaftes Übersehen weiter als die geplante Maßnahme?

Im Folgenden sind wichtige Bedingungen für die Anwendung von Erziehungsmaßnahmen beschrieben.

Das Erziehungsklima

Von wesentlicher Bedeutung für das Erziehungsklima ist die gegenwärtige Situation der Familie (emotionale, soziale und wirtschaftliche Aspekte; Grad der Befriedigung der Eltern durch deren – vor allem auch berufliche – Tätigkeiten; Beziehung der Eltern untereinander usw.).

Gibt es zu viele belastende Faktoren, so beeinträchtigt dies die Beziehungen zwischen Eltern und Kind. Es fehlt dann vielleicht an gefühls-

mäßiger Wärme, an Freundlichkeit und Zuwendung. Das Polster an Toleranz ist zu dünn, man geht gleich in die Luft.

Das Kind wird unter diesen Voraussetzungen vielleicht zu wenig bestätigt oder gar überwiegend getadelt, und deshalb wird ihm sein Verhalten langsam gleichgültig. Es glaubt bald, dass Ablehnung und Kritik von seinem tatsächlichen Verhalten unabhängig sind und sieht somit keinen Grund für eine Veränderung. Es kann dabei sogar so weit kommen, dass das Kind sein ungezogenes Verhalten beibehält, um seine Eltern wenigstens auf diese Weise zu zwingen, sich mit ihm zu befassen.

Je jünger das Kind ist, desto mehr spielt das gute Einvernehmen mit den Eltern eine Rolle für sein Verhalten. Es tut ihnen mit seinem Verhalten einen Gefallen, um das gute Einvernehmen zu erhalten, und erlebt erst später, dass die ausgeführten Handlungen wirklich sinnvoll sind. Erziehungsmaßnahmen haben nur dann größere Erfolgschancen, wenn sie in einem befriedigenden Erziehungsklima stattfinden.

Besonders günstig wirkt sich für das Erziehungsklima aus, wenn ein Kind kontinuierlich erlebt, dass ihm die Eltern behilflich sind, neue und schwierige Situationen zu bewältigen. Wenn es also nicht nur den Anspruch erlebt («Nun mach schon, zieh dich schnell an!»), sondern die Anleitung dazu, wie es die Erwartungen der Eltern verbessern kann. So erfährt das Kind am deutlichsten, dass die Eltern auch auf seine wirklichen Bedürfnisse, Wünsche und Interessen eingehen («Bitte zieh dich schnell an; die Knöpfe mache ich dir zu, weil es eilt»).

Schließlich kommt es darauf an, dass eine positive Wechselwirkung in Gang gesetzt wird: Freundliches Verhalten der Eltern löst ebenso freundliches Verhalten beim Kind aus und umgekehrt – wobei die Eltern als der überlegene, stärkere Teil meistens den ersten Schritt machen müssen.

Situationsanalyse

Die Dringlichkeit der Situationsanalyse vor der Durchführung einer Erziehungsmaßnahme soll in Ergänzung zu den Überlegungen oben an einem Beispiel verdeutlicht werden:

Zwei Kinder stürmen nacheinander ins Zimmer, holen einen Ball und stürmen wieder davon, ohne die Tür zu schließen. Für Beobachter entsteht der Eindruck: Die Kinder sind zu laut und zu wild, sie stören.

Zur Rede gestellt, erklären dann die Kinder, dass sie eine Wette veranstaltet haben, wer als Erster den Ball erreicht. Mögliche Störungen für andere hatten sie dabei natürlich nicht einkalkuliert. Zwar ändert dieser Hintergrund nicht im Nachhinein den Ablauf, doch erfährt die gesamte Situation nun eine andere Interpretation, weil die bei der Wette angesprochenen Leistungen (im Sinne eines sportlichen Wettkampfs) ins Blickfeld rücken bzw. den Kindern die mangelnde Umsicht – zumindest teilweise – zugute gehalten wird.

Unter diesem Aspekt entschuldigen Sie dann für dieses Mal das unpassende Verhalten, während Sie ohne diese Hinterfragung der Ursachen das Verhalten der Kinder weitaus strenger beurteilt hätten. Das bedeutet, dass vor dem Start einer Erziehungsmaßnahme, insbesondere vor Tadel und Kritik, alle Bedingungen, die zu dem Verhalten geführt haben, berücksichtigt werden müssen.

Dieses Reflektieren kostet Sie Zeit. Natürlich können Sie nicht in jeder Situation, die Ihrerseits ein Handeln erfordert, erst lange nachdenken. Aber später dann, abends vielleicht, können Sie die Situation durchdenken und sich darauf vorbereiten, wie Sie das nächste Mal handeln sollten.

Wahl einer geeigneten Erziehungsmaßnahme

Wählen Sie möglichst immer Erziehungsmaßnahmen, die erwünschte Handlungen aufbauen helfen und verstärken. Erziehungsmaßnahmen, die auf Strafreizen beruhen, zeigen, wie Sie wissen, in der Regel nicht den richtigen Weg und beeinträchtigen, mehrfach angewendet, das Erziehungsklima. Aussagen von Eltern wie: «Wir haben es mit ihm im Guten wie im Bösen versucht!» zeigen, dass Erziehungsmaßnahmen ohne Analyse der zugrunde liegenden Bedingungen angewendet wurden.

Das erwünschte Verhalten Ihres Kindes wird sich ganz bestimmt nicht nach einer einzigen Erziehungsmaßnahme einstellen. Der Veränderungsprozess, den Sie anstreben, kann sich nur schrittweise vollziehen. Gerade deshalb sollten Sie auch Teilerfolge als wichtige Schritte auf dem Weg zum Ziel ansehen und anerkennen.

Die Wiederholung der Maßnahmen («Ich habe es dir doch schon oft gesagt!») ist der übliche Vorgang! Erst vielfaches Bemühen Ihrerseits kann dazu führen, dass Ihr Kind eine gewünschte Verhaltensweise für immer annimmt. Dazu kommt, dass Ihr Kind nicht nur Ihrem Einfluss ausgesetzt ist, sondern auch mit anderen Kindern und Erwachsenen zusammentrifft und von ihnen unter Umständen irritierende Verhaltensweisen übernimmt («Peter macht das aber so …»), denen Sie entgegenwirken müssen.

Besprechen Sie die Anwendung der von Ihnen gewünschten Erziehungsmaßnahmen häufig mit Ihrem Partner und ebenso mit anderen Erwachsenen, die Einfluss auf Ihr Kind nehmen, damit es möglichst gleichgerichtet erzogen wird. Eine Maßnahme sollte nicht im Gegensatz zu einer anderen stehen.

Wichtige Tipps

▸ Stehen Sie voll und ganz hinter jeder Erziehungsmaßnahme. Wenden Sie sie also nur dann an, wenn Sie von ihrer Richtigkeit überzeugt sind.

▸ Gestehen Sie selbst einen Fehler ein, wenn Sie einen gemacht haben. Ihr Kind lernt dabei, auch selbst Fehler zuzugeben. Bitten Sie Ihr Kind deshalb ruhig um Entschuldigung: Sie werden das ebenfalls von Ihrem Kind erwarten.

▸ Vermeiden Sie Pauschalaussagen, wie zum Beispiel: «Du bist böse.» Derartige Aussagen erwecken bei Ihrem Kind den Eindruck, dass Sie seine guten Eigenschaften und Verhaltensweisen zu wenig zur Kenntnis nehmen, beachten und anerkennen.

Das Taschengeld hilft, Wünsche zu bewerten

Dass Kinder Taschengeld bekommen sollen, ist heute selbstverständlich. Wie viel jedoch und ab welchem Lebensalter – darüber gehen die Meinungen auseinander. Der Umgang mit Geld (Einteilung, Planung, Warenauswahl und -bewertung) ist dem Kind etwa ab dem vierten Lebensjahr möglich und sollte deshalb von diesem Alter an geübt werden. Sie können allerdings genauso gut erst im sechsten Lebensjahr damit beginnen.

Eine Voraussetzung dafür ist, dass das Kind bis zehn zählen kann. Von da an bekommt es zum Beispiel pro Woche 0,60 Euro (als fünfjähriges Kind 0,90, als sechsjähriges 1,20) – am besten in verschiedenen Münzen – und am Anfang eine passende Geldbörse. Das Kind kann nun mit seinem Geld kaufen, was es will. Der Taschengeldsatz darf nicht gekürzt werden, wenn Ihr Kind einmal unartig ist, und es gibt auch keine weiteren Geldprämien, etwa für Mithilfe im Haushalt – das ist wichtig!

Selbstverständlich können Sie Ihr Kind beraten, was es von seinem Geld kaufen kann: wie viele Bonbons, welche Kekse, wie viel Eis usw. In Läden mit Wühlkisten voller Klein- und Billigartikel, manchmal auch in einem Spielwarenladen (Luftballons, Murmeln) oder einem Geschenkeartikelladen gibt es Dinge, die weniger als 0,80 Euro kosten. Sobald Ihr Kind weiß, was sein Geld wert ist, können Sie es über sein Taschengeld allein verfügen lassen.

Den Gedanken ans Sparen können Sie Ihrem Kind ab dem Schulanfang nahe bringen. Das Kind bekommt dann pro Woche z. B. 1,20 Euro, sodass es beim Zurücklegen von Teilbeträgen im Laufe von etwa sechs bis acht Wochen eine Summe für etwas Besonderes ausgeben kann.

Gelegenheiten für das Öffnen des Sparschweins sind etwa die Entdeckung eines ersehnten Artikels, Ersatz für ein kaputtes oder verlorenes Spielzeug, Zubehör für ein neu entdecktes Hobby oder ein besonderer Anlass, z. B. ein größeres Fest. Sie sollten aber darauf achten, dass der Zeitraum zwischen Sparen und Kauf nicht allzu weit auseinander liegt, sonst sieht Ihr Kind den Sinn des Sparens nicht ein.

Ist unser Kind
besonders begabt?

Seit vielen Jahrzehnten werden von Eltern, aber auch in der Forschung Fragen im Zusammenhang mit begabten und besonders begabten Kindern und Jugendlichen gestellt:

– Ist jedes Kind auf einem bestimmten Gebiet besonders begabt?
– Was heißt überhaupt besonders begabt?
– Wie kann man die besondere Begabung eines Kindes erkennen?
– Kann man die besondere Begabung eines Kindes messen?
– Welche Bedingungen braucht ein besonders begabtes Kind, um sich entwickeln oder auch entfalten zu können?

Auf diese Fragen soll im Folgenden nur kurz eingegangen werden, weil nur wenige Kinder tatsächlich in einem bestimmten Bereich überdurchschnittlich befähigt sind. Wenn Sie als Eltern den Eindruck haben, Ihr Kind sei besonders begabt, d. h. hoch begabt oder extrem hoch begabt (s. u.), sollten Sie sich an Beratungsstellen wenden und eingehendere Informationen einholen, damit Ihr Kind seinen möglicherweise außergewöhnlichen Fähigkeiten entsprechend gefördert werden kann.

Ist jedes Kind auf einem bestimmten Gebiet besonders begabt?

Die meisten Kinder weisen kein ausgewogenes Fähigkeitsprofil auf. Sie haben in jedem Lebensalter einerseits bestimmte ausgeprägte Begabungen, andererseits auch Bereiche, in denen sie unauffällig sind. Manche ausgeprägten Fähigkeiten bleiben über mehrere Lebensjahre konstant oder entwickeln sich auch zu wirklichen Stärken, andere wiederum verschwinden im Laufe der Zeit, z. B. auch wegen mangelnder Förderung.

Begabt, hoch begabt, extrem hoch begabt – was heißt das?

In einem großen Forschungsprojekt zu Hochbegabung wurde die folgende Unterscheidung getroffen:

– von begabten Kindern wird gesprochen als den sechs bis zehn Prozent besten Kindern, jeweils bezogen auf ein ausgewähltes Leistungsgebiet,
– von hoch begabten als den drei bis fünf Prozent besten Kindern,
– von extrem hoch begabt als den ein bis zwei Prozent besten Kindern.

Das klingt reichlich pragmatisch, es wurde bisher jedoch keine bessere Möglichkeit gefunden, die verschiedenen Begabungen zu differenzieren. Welche Kinder zu den sechs bis zehn, drei bis fünf, ein bis zwei Prozent Besten zählen, kann nur mit einschlägigen Tests festgestellt werden. Auch wenn diese Untersuchungen noch verbesserungsfähig sind, kann den Testergebnissen wesentlich eher vertraut werden als dem so genannten gesunden Menschenverstand.

Anzeichen besonderer Begabung

Die bei Ihrem Kind mehr oder weniger vorhandenen Begabungen können Sie im Allgemeinen selbst erkennen. Hinweise darauf erhalten Sie, wenn Sie Ihr Kind mit mehreren anderen Kindern in verschiedenen Leistungsbereichen vergleichen. Vor allem die folgenden Leistungsbereiche werden dabei unterschieden:

– allgemeine Intelligenzleistung (evtl. differenziert nach sprachlichem und nichtsprachlichem Bereich);
– Kreativität (besondere Einfälle, Originalität und hohe Produktivität);
– künstlerische Leistungen;
– soziale Leistungen;
– Psychomotorik.

Wenn Sie sich bei einem Vergleich mit anderen Kindern nicht sicher sind, sollten Sie Ihre Beobachtungen erweitern, also mehr Kinder gleichen Alters einbeziehen. Oft machen andere Eltern auf die besondere Begabung eines Kindes aufmerksam, weil dessen eigene Eltern selbst die besondere Fähigkeit als selbstverständlich (weil im alltäglichen Umfeld schon immer vorhanden) wahrnehmen, sie ihr Kind nicht durch besondere Aufmerksamkeit isolieren wollen oder weil sie annehmen, dass lediglich eine vorübergehende besondere Leistungsfähigkeit vorhanden ist. Allerdings ist auch die Überschätzung der Begabung eines Kindes häufig: Eltern gehen dann davon aus, dass ihr Kind besonders begabt sei, ohne dass das tatsächlich zutrifft. Sie neigen in diesem Fall u. U. dazu, ihr Kind zu überfordern mit absehbaren negativen Konsequenzen. Schwierig ist das Erkennen einer besonderen Begabung manchmal, wenn die betroffenen Kinder in mehreren Leistungsbereichen auch unauffällig sind – z. B. kann ein musikalisch hoch begabtes Kind in anderen Verhaltens- und Leistungsbereichen durchschnittlich bis unauffällig sein.

Tests zur Messung besonderer Begabung

Für viele wichtige Leistungsbereiche sind mittlerweile Tests vorhanden, auch schon für Kinder ab vier Jahren. Zwar haben nahezu alle psychologischen Beratungsstellen genügend Erfahrung mit dem Testen normaler und begabter Kinder, nicht aber mit dem Testen hoch begabter oder extrem begabter Kinder. Die Testanwendung setzt gerade im Extrembereich Erfahrung und Störungsfreiheit in der Testsituation voraus.

Wenn Sie für das Testen eines hoch begabten oder extrem hoch begabten Kindes eine Beratungsstelle suchen, wenden Sie sich am besten an die Deutsche Gesellschaft für das hoch begabte Kind e. V., Schillerstr. 4–5, 10625 Berlin.

Spezielle Entwicklungsbedingungen für das besonders begabte Kind

Auf die besondere Förderung von begabten Kindern muss hier nicht weiter eingegangen werden, weil sie sich von der normaler Kinder nicht wesentlich unterscheidet. (Die normale, wünschenswerte Förderung ist in der Elternbuch-Reihe umfangreich dargestellt, ebenso die dazu geeigneten Bedingungen und notwendigen Voraussetzungen.)

Für die Förderung hoch begabter Kinder und extrem hoch begabter Kinder sollten darüber hinaus allerdings besondere Maßnahmen getroffen werden, die hier lediglich angedeutet werden können:

– Besonders begabte Kinder brauchen deutlichen Zuspruch und Anerkennung ihrer Leistungen.
– Sie sollten größeren Freiraum für die Entfaltung ihrer Begabung erhalten.
– Sie benötigen weiterführende Informationen und unbedingt Möglichkeiten zur Befriedigung ihrer Neugier.
– Sie sollten viel persönlich-emotionale Unterstützung erfahren, weil sie von gleichaltrigen Kindern oft wegen ihrer besonderen Leistungen ausgegrenzt werden (auch weil sie selbst mit gleichaltrigen Kindern, da sie ihnen zu langweilig vorkommen, keine be-

friedigenden sozialen Kontakte aufbauen oder halten können).

Unterbleiben die hier skizzierten Maßnahmen, kann ein besonders begabtes Kind auch Verhaltensstörungen entwickeln: Es fühlt sich abgelehnt, wird in seinen Bedürfnissen (sich zu entfalten) gebremst und reagiert frustriert bis aggressiv oder auch depressiv. Oft ergibt sich daraus das diagnostische Bild des «Underachievers», der unter geeigneten Bedingungen bessere Leistungen erzielen könnte; manche originellen Schulstörer gehören zu dieser Gruppe zu wenig geförderter und geforderter Kinder. Neuerdings erst wird auch von der Gesellschaft und Bildungspolitik erkannt, dass besonders begabte Kinder – entsprechend ihrem Entwicklungspotential – intensiv gefördert werden sollten.

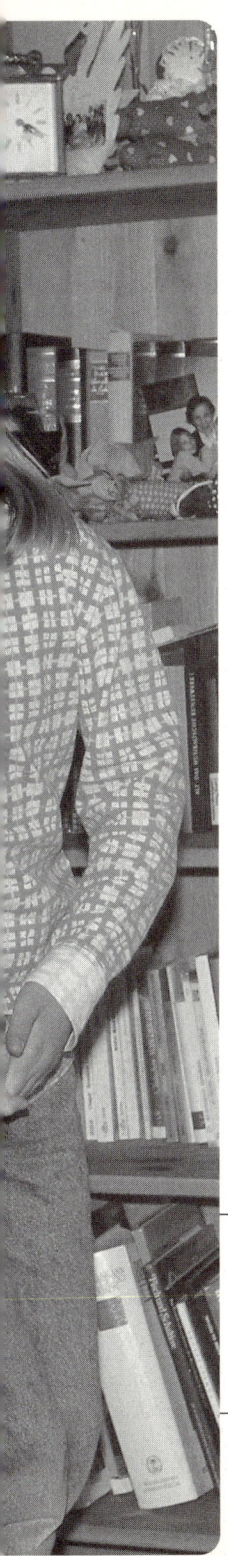

Spiele und
Spielzeug

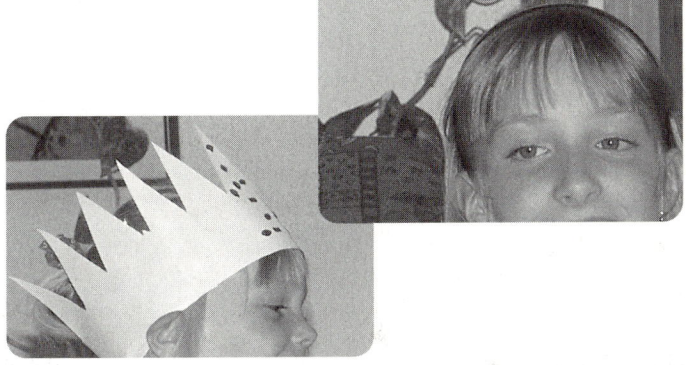

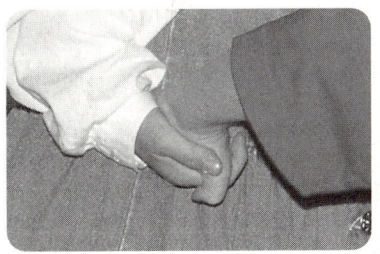

Spontan haben sich diese Mädchen zum Singspiel an die Hände gefaßt, als die Musik ertönt – das macht allen Kindern Spaß. Ein Teil der Menschheitsgeschichte bleibt damit lebendig: miteinander tanzen, miteinander spielen

Beliebte Spiele für

Ausdruck und Gestaltung

Das Spiel ist neben dem Sprechen die wichtigste Ausdrucks- und Lernmöglichkeit eines Kindes im vorschulischen Alter. Im freien Spiel wird vor allem seine emotionale Entwicklung gefördert. Spielen stimuliert die Phantasie und Kreativität und bietet die Möglichkeit, soziale Verhaltensweisen zu üben, indem das Kind zum Beispiel Mitglied einer Spielgruppe ist, Spielregeln akzeptiert, Kooperation und Rücksichtnahme erfährt usw.

Das freie Sich-Ausspielen ist eine besonders kindgemäße Form der Auseinandersetzung mit der Umwelt, der aktiven Konfliktbewältigung und Gefühlsäußerung. Dies ist übrigens mit ein Grund dafür, weshalb sich die Spieltherapie bei psychisch auffälligen oder gestörten Kindern so gut bewährt.

Über den Zweck des Spielens und des Spiels wurde schon viel philosophiert. Bekannt ist das Zitat des Dichters Friedrich Schiller: «Der Mensch ist nur da Mensch, wo er spielt.» Unter den verschiedenen Spieltheorien, die in den letzten 100 Jahren aufgestellt worden sind, hat das so genannte «Flow-Erlebnis», das beim Spielen eintreten kann, eine besondere Rolle gespielt.

Csikszentmihaly hat 1985 das Phänomen des «Flows» erstmalig beschrieben.
«Man fühlt sich optimal beansprucht, der Handlungsablauf geht glatt und flüssig vonstatten, die Konzentration erfolgt von selbst, das Zeiterleben wird weitgehend ausgeschaltet, und man selbst erlebt sich nicht mehr abgehoben von der Tätigkeit, sondern geht in ihr auf.»
(Oerter 1995, S. 251)

Sie haben dieses in sich versunkene Spielen bei Ihrem Kind sicher schon beobachten können: Sie haben vielleicht mehrmals vergebens nach Ihrem Kind gerufen, obwohl es in Hörweite spielte.

Bei der Auswahl von Spielen und Spielzeug sollten Sie unter anderem folgende Gesichtspunkte beachten:
– Welche Spiele bevorzugt Ihr Kind? Welche interessieren es nur wenig?
– Welche Persönlichkeitsbereiche möchten Sie besonders fördern?
– In welcher Entwicklungsstufe befindet sich Ihr Kind?

Gesellschaftsspiele

An Gesellschaftsspielen nehmen mehrere Personen teil. Deshalb bieten diese Spiele eine gute Möglichkeit, soziale Verhaltensweisen in einer Gruppe zu üben. Schon bei der Auswahl des Spiels müssen einige Gruppenmitglieder auf das Durchsetzen ihres Willens verzichten, Übereinstimmung wird erforderlich. Auch die Frage: «Wer darf beginnen?» erfordert eine Absprache, noch bevor das Spiel beginnt. Während des Spiels treten dann immer wieder Situationen auf, bei denen das Kind die Integration in einer Spielgruppe übt.

Neben dem Regelverständnis wird im Gesellschaftsspiel auch die Ausdauer geübt. Das Spiel ist erst zu Ende, wenn ein Spieler gewonnen hat. Und auch dann muss man nicht unbedingt aufhören: Vielleicht kann man einen zweiten Gewinner ermitteln!

Spielregeln

Die Spielregeln sollten schon vom vierjährigen Kind eingehalten werden – Ausnahmen davon sollte es wirklich äußerst selten geben. Akzeptieren Sie Vereinfachungen nur, wenn die Spielregel noch zu kompliziert für Ihr Kind ist, es aber gern mitspielen möchte. Sie können die mögliche Frustration eines Kindes über das Spielergebnis oder auch während des Spiels dadurch mindern, dass Sie Spiele aussuchen, die nur kurz dauern. In der nächsten Runde kann bei diesen Spielen ja alles wieder anders laufen …

Mogeln

Das Mogeln oder Schummeln ist ein Versuch des Kindes, sich Vorteile außerhalb der Regeln zu verschaffen. Wenn dies von den mitspielenden Kindern bemerkt wird, gibt es oft ernste Auseinandersetzungen. Das schummelnde Kind kann dadurch in eine Außenseiterposition geraten.

Wenn Sie bemerken, dass Ihr Kind beim Spielen sehr oft schummelt, sollten Sie ernsthaft nach den Ursachen fragen. Wenn ihm unnatürlich viel daran liegt zu gewinnen, verknüpft das Kind möglicherweise seine Selbsteinschätzung – fälschlich – mit dem Spielausgang, oder Ihr Kind hat gelernt, die Bedeutung des Gewinnens gegenüber dem Spaß am Spiel zu hoch einzuschätzen.

Umgang mit dem Verlieren

Es ist nicht leicht für das Kind, mit der Rolle des Verlierers fertig zu werden. Verlieren wird häufig als Versagen empfunden. Wenn im Alltag dazu noch hohe Ansprüche an das Kind gestellt werden, kann sich das Erlebnis des Verlierens verschärfen. Wenn Sie beim Spielen nur vom ersten, zweiten, dritten usw. Gewinner sprechen, fällt es dem Kind leichter zu verlieren.

In den letzten Jahren sind vermehrt Spiele veröffentlicht worden, bei denen es keinen Verlierer gibt, die so genannten Kooperationsspiele. Gegenspieler der gesamten Gruppe ist hier oft ein Ungeheuer oder ein ähnlicher Bösewicht, den alle gemeinsam zu bezwingen versuchen. Die Zielsetzung der Spiele-Autoren ist dabei, Wettkampf und Leistungsdenken bei Kindern in den Hintergrund zu stellen und den Spaß am Spiel zu betonen. Dahinter steht auch der Gedanke, dass – etwas verkürzt ausgedrückt – in der Welt künftig mehr Kooperation und Teamgeist als Leistungsauseinandersetzung und Konkurrenz gebraucht werden und Kinder schon früh mit diesem Denk- und Handlungsmodell vertraut gemacht werden sollten.

Gelegentlich enthalten diese Spiele noch eine Spielregel nach bekanntem Muster, also mit Gewinner und Verlierer, um der bisherigen Spieletradition (und zum Teil dem Kinderwunsch) zu entsprechen. Achten Sie jedenfalls darauf, dass in Ihrer Spielesammlung auch mehrere Spiele dieses neuen Typs enthalten sind: die Schule mit ihrer Leistungsorientierung bringt noch genügend Vorbereitung auf die Leistungsgesellschaft mit sich.

Einzelne Spiele

Unter den Gesellschaftsspielen sind Kartenspiele besonders beliebt. Dazu gehören z. B. die Quartettspiele in den verschiedensten Varianten. Mit den Bildinhalten wird gleichzeitig das Wissen des Kindes in einzelnen Sachbereichen vergrößert, vor allem dann, wenn die Eltern näher auf die Inhalte eingehen. Wählen Sie möglichst

Quartette mit realistischen Fotos oder Zeichnungen aus.

Bei einem Würfelspiel, wie etwa «Fang den Hut», muss das Kind den Sechs-Punkte-Würfel schon gut kennen, wenn es selbständig mitspielen möchte. Nach häufigem Spielen entwickeln Vierjährige bereits Strategien und setzen ihre Figuren geschickt nach dem Spielstand. Weitere Anregungen:

▸ «Spitz, pass auf» wird mit einem Farbwürfel gespielt. Mit einem Zahlenwürfel kann es variiert werden. Es erfordert rasches Reaktionsvermögen.

▸ Um schnelles Reagieren geht es auch bei «Schnipp-Schnapp», einem Kartenspiel.

▸ Geschicklichkeit und Glück sind entscheidend bei vielen Angelspielen. Dabei muss mit einer meist magnetischen Angel beringtes Seegetier aus einem See gefischt werden. Weil es keine speziellen Fähigkeiten verlangt, können Kinder aller Altersstufen miteinander spielen, ohne dass die jüngeren Teilnehmer sehr benachteiligt sind.

Werken und Basteln

Bei den hier zusammengefassten Spielen und Aktivitäten werden Materialien kreativ verwendet, die meist noch unbearbeitet sind: Papier, Stoff, Holz- und Kunststoffteile, Styropor, Draht, Steine, Gräser, aber auch Lebensmittel (Linsen, Nudeln, Grieß usw.).

Dabei macht sich das Kind mit dem Material vertraut, lernt seine Beschaffenheit kennen und gelangt auf diesem Wege zum Experimentieren. Es erhält so das nötige Wissen für weitere Beschäftigungen mit dem Material, für kreative und phantasievolle Gestaltung. Bei diesem Vorgang wird ihm auch die Herstellung vieler Dinge seiner Umwelt klar. Es vergleicht Gegenstände und Stoffe auf ihre Brauchbarkeit, Bearbeitungsmöglichkeit und Schönheit.

Für viele Materialverwendungsspiele können Sie auch Dinge aus Ihrem Haushalt anbieten, die Sie vielleicht schon wegwerfen wollten: eine alte Uhr, eine Fahrradklingel, ein Schloss, eine nicht mehr funktionierende Taschenlampe usw. Dem Kind macht es großen Spaß, die Dinge auseinander zu nehmen. Es gewinnt dabei auch wichtige Einblicke in technische Funktionen.

Das neue Wissen wird es vielleicht bei der Wiederverwendung der Teile anwenden, vielleicht erfindet es aber auch ganz neue Verwendungsmöglichkeiten.

Das Kind kann physikalische Gesetzmäßigkeiten sowie technische Zusammenhänge entdecken und erproben. Außerdem werden sein Ideenreichtum und feinmotorisches Geschick gefördert. Viele dieser Beschäftigungen und Spiele sind übrigens für Mädchen genauso wichtig und interessant wie für Jungen.

Gestaltungs- und Rollenspiele

Kinder interessieren sich sehr für alle neuen Dinge und Vorgänge in ihrer Umgebung. Sie lassen sich von Betriebsamkeit und Lärm faszinieren, von Maschinen und ihrem Funktionieren, vom Ineinandergreifen verschiedener Funktionsbereiche und von der Regelhaftigkeit bestimmter Vorgänge. Der Zug bringt zum Beispiel das Baumaterial vom Hafen zur Baustelle, wo es weiterverarbeitet wird. Oder: Wenn sich die Schranke senkt, braust gleich der Zug vorbei. Kinder beobachten solche Vorgänge sehr genau und stellen Vermutungen über die für sie nicht sichtbaren Abläufe an.

Diese äußerst wichtigen Erfahrungen sollten im Spiel aktiv einbezogen werden. Gut eignen sich dazu Spiele, in denen größere Zusammenhänge ersichtlich werden, Bausätze für ein Dorf, ein Hafen-Spielkasten oder ein Bahnhof-Szenarium, Umweltkulissen oder selbst errichtete Burgen usw. Die Teile sollten gut gestaltet und realistisch sein und zugleich die Phantasie anregen. Das Bedürfnis, die Realität nachzubilden, bezieht sich natürlich nicht nur auf technische und funktionale Bereiche, sondern auch auf die Natur und den weiteren Lebensbereich des Kindes. Mit Ausdauer und Phantasie baut ein Kind in diesem Alter Landschaften, Städte, Dörfer, Straßen usw. Dazu braucht es entsprechende Elemente: Bäume, Tiere, Schiffchen, Autos, eine kleine Eisenbahn, einfache Häuschen und viele Bauklötze in verschiedenen Größen.

Holz ist hierbei als Material insgesamt wohl gegenüber Plastik zu bevorzugen, allerdings teurer und im Detail manchmal weniger ausgearbeitet. Das Kind kann allerdings einer einfacheren Form unterschiedliche Bedeutungen zuschreiben und ist weniger eingeengt: Holzfiguren stellen immer das dar, was gerade gebraucht wird, zum Beispiel einen Polizisten, einen Landwirt oder einen Obstverkäufer, ein einfacher Baustein kann mal eine Kuh und später ein Huhn sein, der Kreativität und Phantasie sind kaum Grenzen gesetzt.

Bausätze als Themen-Set
Realistisch nachgebildete Bestandteile und Figuren sind vergleichsweise eher hinderlich: Sie engen die Phantasie des Kindes ein und lassen jeweils nur eine Verwendungsmöglichkeit zu. Der Spielwert verbreiteter Sets mit vorgefertigten Einzelteilen liegt daher auch überwiegend in den Anforderungen an Fingerfertigkeit beim Auf- und Zusammenbau als in Kreativität oder Phantasie. Sind erst einmal die vielen kleinen Teile, zum Beispiel eines Schiffes, nach Gebrauchsanleitung zusammengesetzt, verliert das Kind oft schnell das Interesse an diesem Spielzeug, und zur Umgestaltung in andere Gebilde sind die einzelnen speziellen Elemente meistens kaum geeignet. Das Kind kann sich sinnvoller und intensiver mit den einfachen Formen von Stecksystemen beschäftigen, die man als Grundbausätze erhalten kann und den thematischen Sets vorziehen sollte. Letztere spielen erst für Kinder ab dem siebten Lebensjahr eine größere Rolle.

Szenarien, Landschaften und Kulissen

Spiele mit größeren Szenarien, z. B. Leben auf dem Bauernhof oder im Indianerzelt, kann Ihr Kind allein spielen, mit Ihnen oder auch mit anderen Kindern. Aufgeräumt wird möglichst erst, wenn Ihr Kind damit einverstanden ist bzw. wenn es sich einige Tage lang nicht mehr für die aufgebaute Anlage interessiert.

Puppentheater

Für das Einüben von zwischenmenschlichen Beziehungen und ihre Verarbeitung eignen sich Kasperpuppen sehr gut. Achten Sie darauf, dass die Köpfe leicht sind und Kinderhände gut damit umgehen können. Im Kaspertheater und bei anderen Theaterspielen kann ein Kind zugleich gut Ängste und Aggressionen verarbeiten. In diesem Alter entwickeln sich bereits Wertvorstellungen, die auch in den Theaterstücken zum Ausdruck kommen: Der gute Kasper besiegt durch List, selten mit Gewalt, den bösen Räuber usw.

Diese Spiele (eine Variante von Rollenspielen) regen den Erfindungsgeist an und fördern die Teamarbeit zwischen den Mitspielern, denn alle müssen sich auf einen Handlungsablauf einigen. Die Kinder selbst legen dabei großen Wert auf korrektes Sprechen und wählen treffende und teilweise auch für sie ungewöhnliche Ausdrücke.

Andere Rollenspiele

Eher als beim Kasper- und Theaterspiel werden im Rollenspiel, in dem Personen handeln, realitätsnahe Themen dargestellt. Das Rollenspiel ist eines der wichtigsten Spiele überhaupt und dient der Einübung sozialer Rollen, der Verarbeitung von Konflikten und dem Ausdruck bestimmter Gefühle wie Angst, Aggression oder Fürsorge. Sie sollten deshalb das Rollenspiel Ihres Kindes besonders fördern und gut beobachten. Sie können dabei viel über seine Gedanken und Überlegungen sowie seine Konflikte und unausgesprochenen Wünsche erfahren.

Arztspiel. Beim Arztspiel lernt das Kind, seine Angst vor dem Arzt zu überwinden, indem es selbst in diese Rolle schlüpft. Dazu braucht es: Schürze oder Kittel und eventuell ein Kopftuch (als Haube), einen Arztkoffer mit Untersuchungsgeräten und z. B. einer Spielspritze, Pflaster, Binden, Hustenbonbons als Medizin.

Puppen- bzw. Mutter-und-Kind-Spiel. Hier stellt das Kind dar, wie es seine eigene Familie sieht oder sich wünscht. Es spielt selbst Mutter oder Vater, die Puppen sind die Kinder. Beteiligen sich mehrere Kinder, verteilen sie alle Rollen untereinander: Mutter, Vater, Kinder, Großeltern, Tanten, Onkel usw. Folgende Requisiten sind dabei nützlich, aber nicht unbedingt erforderlich: Kleidungsstücke von Erwachsenen, Koffer, Geschirr, Telefon, Taschen, Putzgeräte, Polster oder Decken, Puppen und Puppenwagen.

Puppenhaus. Beim Spiel mit dem Puppenhaus kann das eigene Zuhause nachgespielt werden. Damit es nicht bald in einer Ecke landet und unbeachtet verstaubt, sollten Sie beim Kauf oder der Selbstanfertigung folgende Kriterien beachten:

▸ Das Puppenhaus sollte nicht zu perfekt eingerichtet sein, sonst kann man darin nur schön wohnen und hat wenig Möglichkeiten für abwechslungsreiche Spiele.

▸ Die Einrichtungsgegenstände sollten neutral sein. Dann passen zum Beispiel ein Stuhl und ein Sessel nicht nur in das Wohnzimmer, sondern auch in eine Arztpraxis oder ein Klassenzimmer.

▸ Das Haus selbst sollte ebenfalls neutral und nicht fest zusammengefügt sein. Ein Gebäude im Landhaus- oder Bungalowstil zum Beispiel lässt sich schlecht in ein Krankenhaus, eine Schule oder ein städtisches Wohnhaus verwandeln.

▸ Als Puppen eignen sich gut kleine Biegepüppchen, die es in allen Variationen gibt (Vater, Mutter, Opa, Oma, Kinder verschiedenen Alters usw.).

▸ Im Puppenhaus sollte genug Platz für selbst gebastelte Requisiten sein (zum Beispiel für Teppiche aus Pelz- oder Stoffresten,

Möbel aus beklebten Streichholz-schachteln).

Kinderpost. Mit diesem Rollenspiel imitiert das Kind einen Dienstleistungsberuf. Es braucht dazu: Telefon, Schreibzeug, Stempel, alte Briefmarken, Formulare, Briefumschläge. Eine teure Post-Schalter-Kulisse ist entbehrlich, nicht jedoch Kunden, die Briefe abstempeln lassen, Päckchen nach Afrika abschicken möchten und eine dringende Telefonverbindung z. B. mit Mister Jones in Australien verlangen, da hier das Handy versagt.

Kaufladen. Das Spiel mit dem Kaufmannsladen ist trotz der weiten Verbreitung von Supermärkten immer noch aktuell. Gebraucht werden ein Ladentisch, gekauft oder selbst hergestellt, Regale, Kisten, Schachteln, leere Dosen und Flaschen, Tüten und Einkaufstaschen, Geldbörse und Spielgeld, Kasse, Äpfel und Kekse (zum anschließenden Essen), eine Waage und Preisschilder.

Achten Sie hier wie beim Kinderpost-Spiel darauf, bei passenden Gelegenheiten in Ihrer Rolle als Kunde an die Realität der modernen Geschäftswelt zu erinnern, z. B.: «Solche feinen Pralinen habe ich drüben im Supermarkt nicht gefunden!» Je wirklichkeitsnäher das Spiel sich gestaltet, desto eher kann sich Ihr Kind mit seiner Rolle identifizieren.

Identifikationsspiele. In speziellen Rollen stellt das Kind etwas dar, vor dem es Angst hat oder was es selbst sein möchte. Wenn man zum Beispiel selbst ein großer Hund ist und andere erschrecken kann, braucht man den echten Hund von nebenan nicht mehr so zu fürchten. Mit großen Schuhen und einer Krawatte verwandelt man sich in Vaters Chef, mit Tüllrock und Krone in die gefeierte Seiltänzerin im Zirkus. Mit solchen Spielen kann sich das Kind in gewissem Umfang Wünsche erfüllen, die in der Realität unerreichbar bleiben müssen.

Didaktische Spiele –
Spiele mit Lernaspekt

Beim Spielen mit didaktischem Material, wobei wir hier auch Bücher einbeziehen, werden gezielt Kenntnisse vermittelt. Zusätzlich übt das Kind aber auch andere kognitive Fähigkeiten, zum Beispiel das Gedächtnis, genaue Beobachtung usw.

Didaktische Spiele tragen darüber hinaus zur Entwicklung der Lernmotivation bei. Sie sollten jedoch im Vorschulalter nicht überwiegen, sondern nur als Erweiterung des allgemeinen Spielens eingesetzt werden.

Kognitive und emotionale Entwicklung sind eng miteinander verbunden. Sie beeinflussen sich wechselseitig. Deshalb sollten sowohl Verhaltens- als auch Erlebnisbereiche in ausgewogenem Verhältnis gefördert werden.

Mehr als bei anderen Spielen ist beim Umgang mit didaktischem Material die Mitwirkung Erwachsener notwendig. Der erwachsene Mitspieler darf jedoch möglichst nicht aus der Rolle des Spielpartners in die des Spielführers überwechseln.

Die einzelnen Bestandteile didaktischer Spiele sind in der Regel sorgfältig aufeinander abgestimmt. Fehlende oder kaputte Teile machen daher leider oft Spiele dieser Art unbrauchbar für den jeweiligen Lernzweck. Eine Spiel- oder Wühlkiste ist also nicht der geeignete Aufbewahrungsort für sie. Andererseits müssen die Spiele so verstaut sein, dass das Kind jederzeit an sie heran kann. Am besten eignet sich ein offenes Regal, in dem alles übersichtlich geordnet ist.

Klassische didaktische Spiele

Lotto-Spiele
Beim Bilderlotto lernen Kinder viele Gegenstände aus ihrer Umgebung kennen und benennen. Sie müssen zuordnen, vergleichen und kombinieren und machen so auch

einige mathematische Grunderfahrungen.

Farben-Spiele

Spiele wie «Farben und Formen», «Bunte Ballone» usw. fördern die Fähigkeit zur Farbwahrnehmung und -benennung sowie den Sinn für Farbzusammenstellungen. Die farbliche Differenzierung stellt eine wesentliche Grundlage für das ästhetische Empfinden und das Gestaltungsvermögen des Kindes dar.

Puzzle-Spiele

Puzzles fordern Geduld und Konzentration vom Kind und unterstützen die Entwicklung der differenzierten Wahrnehmung sowie des Kurzzeitgedächtnisses für Formen und Farben. Je mehr gleichartige Teile sie enthalten, desto schwieriger sind sie. Allerdings sollten Sie beim Kauf der ersten Puzzle-Spiele darauf achten, dass Sie Ihr Kind nicht überfordern. Beobachten Sie genau, ob Sie die Zahl der Teile beim Erwerb des nächsten Puzzles erhöhen können. Mit der Auswahl des Motivs geben Sie auch inhaltliche Anregungen. Immerhin beschäftigt sich Ihr Kind einige Zeit mit dem Bild, beispielsweise einem Schiff oder einer Landschaft, und setzt sich damit auseinander.

Memory-Spiele

Mit diesen Spielen, an denen sich beliebig viele Mitspieler beteiligen können, werden besonders die Konzentrationsfähigkeit und das Kurzzeitgedächtnis gefördert. Die

Spielregeln sind einfach. Sie können das Spiel anfangs noch leichter gestalten, indem Sie nur einen Teil der Karten verwenden.

Memory-Spiele lassen sich auch selbst anfertigen. Schneiden Sie jeweils dieselben Motive aus zwei gleichen Katalogen aus (zwei rote Rosen, zwei gelbe Tulpen, zwei Paar Skier usw.) und kleben Sie sie auf Papp-Quadrate.

Auch Kunstpostkarten eignen sich für dieses Spiel: Sie können so eine erste intensive Begegnung Ihres Kindes mit den Werken bedeutender Maler erreichen. Nach dem Besuch einer Ausstellung erwerben Sie zum Beispiel paarweise zehn oder fünfzehn verschiedene Bilder.

Spiele zur Sprech- und Spracherziehung

Hier geht es um die Entwicklung einer guten Aussprache, die für das spätere Lesen und Schreiben wichtig ist. Fragen Sie nach den aktuellen Spielen im Fachhandel nach.

Auf das Schreiben selbst bereiten Sie Ihr Kind mit der Förderung der Grob- und Feinmotorik vor. Lassen Sie es schneiden, malen, zeichnen usw. Damit trainiert es seine Armbewegungen sowie die Hand- und Fingergeschicklichkeit. So kann es später bei den Schreibübungen des ersten Schuljahres den Stift gelöst und locker in der Hand halten.

Günstig für diese Vorbereitungen sind auch Spiele mit einem Seil

oder einem Gardinenbleiband. Sie bereiten damit Ihr Kind auf die Schwungübungen (des Schreibenlernens) vor. Lassen Sie es mit dem Band große Kreise, Ovale, Schlaufen und Linien legen. Bei (leiser) Musik soll es dann barfuß auf dem Seil oder dicht daneben entlanggehen. So nimmt es mit seinem ganzen Körper die Figuren und Schwünge in sich auf und überträgt sie später auf Papier.

Denkspiele

Einen differenzierten Zahl- und Mengenbegriff erwerben Kinder meist erst im sechsten Lebensjahr. Vorher können Sie jedoch schon Denkspiele anregen, bei denen es lernt, Vergleiche anzustellen, Größenordnungen und Relationen zu erkennen sowie Strategien zu entwickeln. Ein Kind, das Wäscheklammern nach Farben, Bestecke nach Sorten, Bausteine nach Größen und Bonbons nach Mengen sortiert, erwirbt bereits gute Voraussetzungen für den späteren Mathematikunterricht.

Mit Rechenstäbchen kann es Türme, Zäune oder Häuser bauen und dabei zwischen kurz und lang, kürzer oder länger vergleichen lernen. Dabei werden ihm auch Begriffe geläufig wie genauso lang wie, doppelt so lang usw.

Konstruktions-Spiele

Unter den didaktischen Spielen nehmen die technischen Baukästen eine wichtige Stelle ein. Sie bestehen aus verschiedensten Bauelementen und Materialien. Die dabei an das Kind gestellten Ansprüche sind sehr unterschiedlich, sodass Sie sich in einem Spielzeug-Fachgeschäft beraten lassen sollten.

Zur Orientierung ist die Auszeichnung «spiel gut» (nicht nur für Konstruktions-Spiele) ein beachtenswertes Qualitätszeichen. Bei der konkreten Auswahl sind zusätzlich das Entwicklungsalter des Kindes, seine bisherigen Erfahrungen mit Konstruktionsbaukästen sowie seine Wünsche (z. B. «Das hat Michael auch!») zu berücksichtigen.

Mit den verschiedenen Elementen eines Baukastens können im Allgemeinen stabile und funktionsgerechte Spielmodelle gebaut werden – Puppenmöbel, Baukräne, Hochhäuser, Maschinen usw.

Ein wichtiger Unterschied zwischen den verschiedenen Typen liegt in der Art der vorgesehenen Verbindungen zwischen den Teilen (Steck- oder Schraubverbindungen), Verwendung von Platten, Stäben, Achsen, mehr kleinteiligen Elementen, Halb- oder Fertigteilen. Der Phantasie, dem Einfallsreichtum und konstruktivem Denken ist großer Spielraum gelassen.

Bilderbücher

Das Kind befindet sich in einem Entwicklungsstadium, in dem es die Welt entdecken, sie aber gleichzeitig mit seiner Phantasie mitgestalten möchte. Das Bilderbuch kann hier eine entscheidende Funktion übernehmen. Es regt Denk- und Sprechvorgänge an, es hilft dem Kind, immer mehr in seine soziale Umwelt hineinzuwachsen, Zusammenhänge zu erfahren und sie mit Hilfe der Sprache auszudrücken. Daneben macht es auch noch ganz einfach Spaß, sich in ein spannendes oder lustiges Bilderbuch zu vertiefen!

Auf eine Empfehlung von Buchtiteln wird hier verzichtet, weil jedes Jahr viele neue Bücher erscheinen und Sie die Entscheidung im Fachgeschäft unter anderem nach den folgenden Überlegungen und Kriterien selbst treffen sollten.

Inhalt und Zielsetzung des Buches, Identifikationsmöglichkeit

Kinderbücher können gezielt eingesetzt werden, um dem Kind eine bestimmte Thematik nahe zu bringen oder ihm die Verarbeitung eines Problems zu ermöglichen, also im Sinne eines präventiven (vorbeugenden) oder therapeutischen Ansatzes: zum Beispiel anlässlich der

Geburt eines Geschwisterchens oder eines Nachbarkindes einige Informationen zur Aufklärung zu bieten; angesichts drohender Scheidung aufzuzeigen, dass ein Kind auch weiterhin umsorgt und gesichert sein wird; angesichts von Berichten im Fernsehen und Rundfunk über kriegerische Auseinandersetzungen oder Katastrophen, die das Kind am Rande zur Kenntnis nimmt, eine Aufarbeitung zu leisten und dem Kind unnötige Ängste zu nehmen.

Realitäts- und Umweltbezug, aktuelle Bezüge

Kinder haben ein Bedürfnis nach phantastischen Geschichten und Märchen. Seien Sie aber bei der Auswahl kritisch: Allzu grausame Märchen sind wie Krimis für Vierjährige abzulehnen. Märchen bieten darüber hinaus auch eine Gesellschaftsperspektive an, die heute so keinen realen Hintergrund mehr hat. Moderne Geschichten, die durchaus phantastische Thematik einschließen, sollten jedenfalls deutlich überwiegen.

Bei einem Buch, das aktuellen Zeitbezug aufweist, kann Ihr Kind dauerhaft Bezüge zu seinem Leben herstellen, die Geschichte prägt seine weitere Entwicklung konstruktiv mit.

Sprachlicher Schwerpunkt, bildliche Darstellung und andere Kriterien

Mit dem Medium Kinder- und Bilderbuch können Sie Ihrem Kind auch verschiedene literarische Formen (Reim, Vers, Gedicht, Lied, Geschichte, Dialog, Beschreibung usw.) und eine gehobene sprachliche Ausdrucksform nahe bringen. Die verschiedenen Illustrationsarten (Zeichnung, Aquarell, Malerei, Fotografie usw.) geben Ihrem Kind wichtige Entwicklungsimpulse für das eigene Gestalten und Werken. Da die Kinder auf das Vorlesen angewiesen sind, haben gut illustrierte Bilder für sie einen ganz besonderen Wert, auch um später immer wieder allein die Geschichte nachvollziehen zu können.

Ausstattung des Buches, Format, Haltbarkeit, Lichtechtheit der Farben sowie Umweltverträglichkeit des Papiers und der Druckfarben sind weitere Entscheidungskriterien.

Kinderbücher

Eine Gruppe von Büchern enthält statt der vordergründigen bildlichen Darstellung Vorlesegeschichten, teilweise sogar ohne jegliche Illustrationen, die vor dem Einschlafen, auf Reisen oder am Krankenbett besonders gern gehört werden.

Die Auswahl geeigneter Vorlesebücher kann ebenfalls aufgrund der oben genannten Überlegungen und Kriterien erfolgen. Eine Hilfe bei der Auswahl bieten die Empfehlungen des jährlich vergebenen Deutschen Jugendbuchpreises, sowohl aufgrund der preisgekrönten Bücher als auch der in der umfangreichen Auswahlliste enthaltenen Vorschläge.

Wenn Sie jährlich zwei bis drei dieser Bücher erwerben oder Freunde und Verwandte zum Schenken geeigneter Bücher anregen, kann so der Grundstein für eine eigene kleine Bibliothek gelegt werden.

Übrigens: Gute Kinderbücher sind nicht immer teuer – es gibt auch Nachdrucke in preiswerter Aufmachung (auch Remittenden, Restexemplare usw.). Nutzen Sie von Zeit zu Zeit auch eine öffentliche Bibliothek.

Kinderzeitschriften

Neben Bilderbüchern werden seit einigen Jahren auch Kinderzeitschriften angeboten. Ein Beispiel dafür:

Die Zeitschrift «Spielen und Lernen» gibt in monatlicher Folge in einem Teil des Heftes Anregungen zum Zeichnen, Malen, Schneiden, Kleben usw. Gleichzeitig beschäftigt sie sich in einem Elternteil mit Erziehungsfragen und gibt praktische Tipps für den Familienalltag.
Der größte Teil der angebotenen Zeitschriften spricht allerdings erst ältere Kinder im Schulalter an.

Hörspielkassetten, CDs und Videofilme

Zu einer beliebten Unterhaltung für Kinder sind in den letzten Jahren Hörspiel-CDs und Videofilme geworden. Die Wiedergabegeräte sind so robust, dass auch Kinder im vorschulischen Alter sie bedienen können.

Der pädagogische Wert der Kinder-Hörspiele und -Videofilme ist teilweise umstritten – zu viele Produktionen erfüllen nicht einmal die geringsten Qualitätsansprüche. Bedauerlicherweise gibt es bisher noch keine Institution mit überregionaler Bedeutung, die eine zur Orientierung dienliche, anerkannte Bewertung abgibt, etwa wie das Qualitätssignum «spiel gut».

Eltern müssen also die Hörspiele oder die Videofilme selbst beurteilen, ob sie für ihr Kind geeignet sind – eine zeitraubende Aufgabe (vergleichsweise ist ein Bilder- oder Kinderbuch wesentlich schneller beurteilt). Als Maßstäbe können teilweise die Kriterien für Bilder- und Kinderbücher verwendet werden (vgl. S. 180 f.), ergänzt durch die folgenden Gesichtspunkte:

▶ Die Geschichten sollten einen möglichst klaren und überschaubaren Aufbau haben – sie sind ja für das selbständige und wiederholte Hören bzw. Sehen und Hören eines Kindes vorgesehen (dennoch sollten Eltern beim ersten Hören bzw. Sehen dabei sein).

▶ Wegen des häufigen Wiederhörens bzw. -sehens haben CDs und Videofilme einen deutlichen Einfluss auf die Sprach- und Sprechentwicklung. Auch deshalb sind hohe Maßstäbe an ihre Qualität anzulegen. Die einzelnen Sprecher sollten besonders gut artikuliert sprechen, Verballhornungen der Sprache, gewollte Versprecher usw., kindertümelndes und kindisches Gequietsche und Gejohle sollten nur gelegentlich vorkommen.

Arbeitsmappen zur Schulvorbereitung

Gegen Ende des fünften Lebensjahres können Sie mit Ihrem Kind auch einige Materialien zur Vorbereitung auf die Grundschule bearbeiten, die der Sprach-, Konzentrations- und Intelligenzförderung dienen. Entsprechende Arbeitsblätter und Hefte werden im Fachhandel angeboten.

Die Vorschularbeit ist insbesondere dann sinnvoll, wenn Ihr Kind keinen Kindergarten besucht. Allerdings sollten Sie diese Form der Vorbereitung auf die Schule nicht für die wichtigste halten. Ein allgemeines Lernspielprogramm (vgl. den folgenden großen Teil von Elternbuch 5), das alle Bereiche der kindlichen Persönlichkeit einschließt, ist vorzuziehen. Denn auch bei guten Angeboten der beschriebenen Produkte ist der Bezug zum täglichen Leben im Allgemeinen gering, da abstrakte Aufgaben mit Papier und Bleistift häufig gegenüber praktischen Übungen und Spielen überwiegen. Der empfehlenswerte Mittelweg besteht darin, die guten Blätter und Angebote zu nutzen und die weniger geeigneten zu übergehen – arbeiten Sie sich mit Ihrem Kind also nicht unkritisch einfach von vorn bis hinten durch!

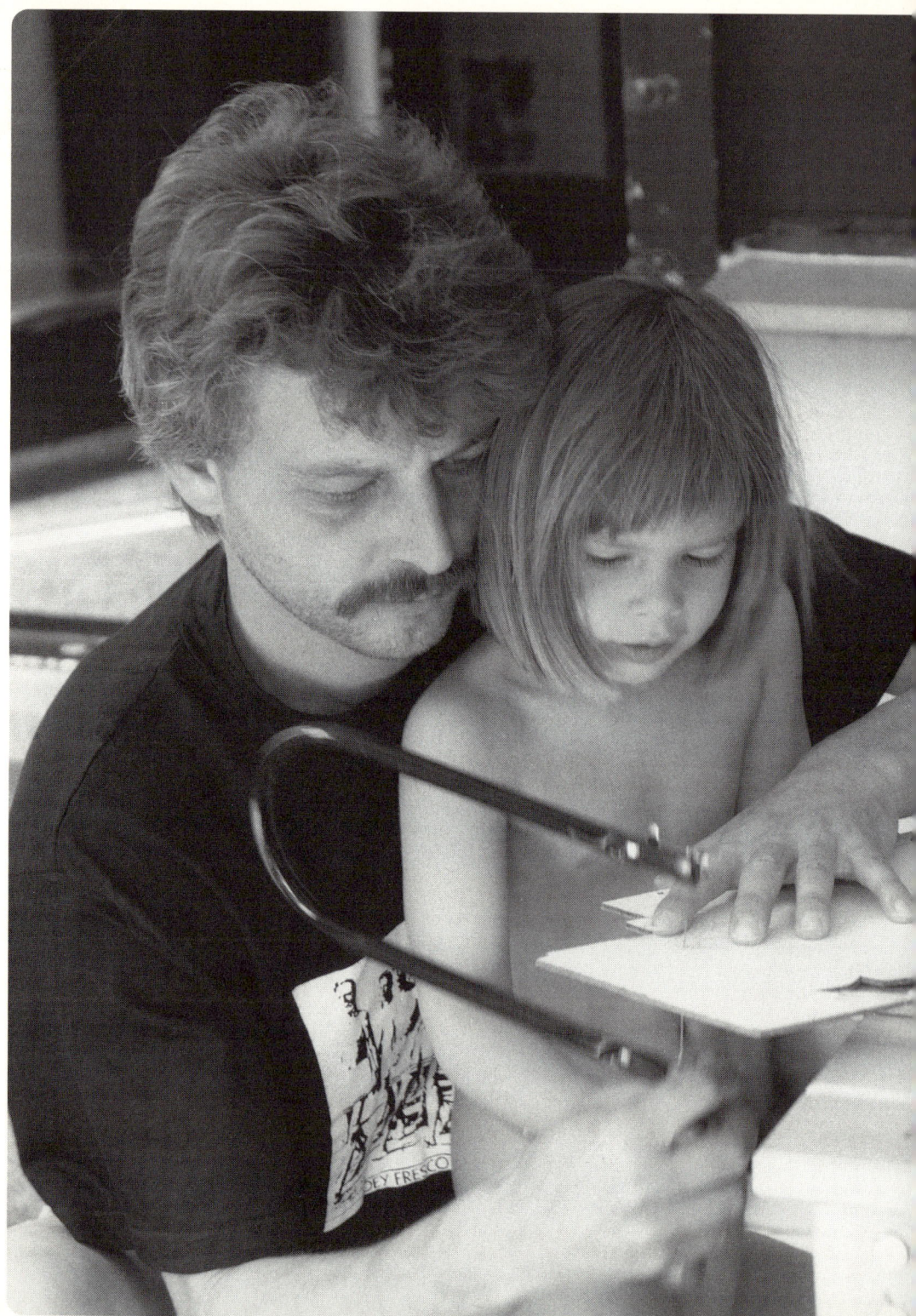

Lernspiel-programm

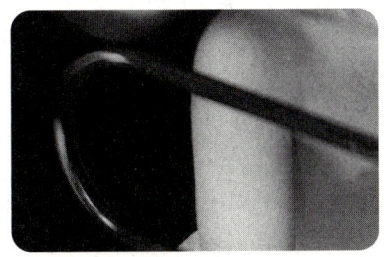

Mitmachen ist eine gute Möglichkeit für das Erlernen von Handlungen. Hier erfährt das Kind, dass sich auch sein Papa anstrengen muss, dass es nicht ganz leicht ist, eine Laubsäge zu führen. Auf das entstehende Werkstück werden nachher beide stolz sein.

So machen Sie Ihrem Kind
das Lernspielprogramm interessant

Alle zielgerichteten Aktivitäten sind begründet. Die Gesamtheit dieser Gründe, der Motive, die uns bewegen, bestimmten Zielen nachzugehen, wird Motivation genannt. Um das Lernspielprogramm gut durchführen zu können, ist die Motivierung Ihres Kindes, aber auch Ihre eigene eine Voraussetzung.

Motive bedingen den Lernfortschritt

Zum normalen Spielen genügt es, dass das Kind seinem Organismus entsprechend ohne zusätzliche Anregungen aktiviert ist: Solange es nicht müde ist, lehnt es den Zustand des Ruhigseins ab, allerdings auch übermäßige Eile. Es wünscht in der Regel einen mittleren Aktivierungsgrad und erreicht ihn, indem es mit wechselnder Intensität bei einer Sache bleibt. Dieser erwünschte Aktivierungsgrad liegt bei Kindern im Allgemeinen höher als bei Erwachsenen. Schon aufgrund dieser normalen Motivation können Sie grundsätzlich damit rechnen, dass das Kind Beschäftigungsangebote gern aufnimmt, sofern es mit der entsprechenden Tätigkeit noch keine schlechten Erfahrungen gemacht hat!

Im Folgenden sind einige Motive und Motivgruppen beschrieben, die Sie ggf. für die Motivierung zum Lernspielangebot einsetzen und verstärken können:

Identifikation mit dem Erwachsenen

In den ersten Lebensjahren hat das Kind sicher den Eindruck gewonnen, dass die Eltern seine Handlungsweise überwiegend bejahen. Es hat außerdem erfahren, dass es besonders akzeptiert wird, wenn es sich nach den Wünschen und Vorstellungen der Eltern richtet. Dies, ebenso wie die Zuneigung zu Vater und Mutter, führt dazu, dass ein Kind den Eltern weitgehend gleichen will und alles so machen möchte wie sie.

Wenn Sie Ihrem Kind also Tätigkeiten anbieten, die Sie selbst gern und häufig tun, wird sie das Kind bereitwillig erledigen. Dagegen ist es nicht leicht, das Kind für eine Beschäftigung zu begeistern, die Sie selbst auch nicht mögen. Sicher hat Ihr Kind dann registriert, dass Sie negativ über diese Tätigkeit gesprochen haben, dass Sie selbst kein besonders fröhliches Gesicht dabei machen oder Ähnliches. Es ist also ganz natürlich, wenn das Kind dazu ebenfalls keine Lust hat (Prüfen Sie sich einmal während des Aufräumens, Abwaschens oder Putzens – freuen Sie sich dabei auf die Ordnung danach, oder blicken Sie grimmig drein wegen der lästigen Arbeit?).

Zustimmung durch die Eltern

Das Kind schätzt seine eigenen Leistungen im Allgemeinen nach anderen Maßstäben ein, als es die Erwachsenen tun. Es besitzt noch keine ausgeprägten Bewertungskriterien. Ob etwas richtig ist oder nicht, entscheidet noch häufig der Erwachsene. Seine Zustimmung stärkt gleichzeitig das Selbstvertrauen des Kindes. Es fühlt sich akzeptiert und schätzt sich selbst höher ein. Aber nicht nur das Ergebnis wird durch die Anerkennung aufgewertet, sondern auch die vorherigen Anstrengungen bzw. die ganze Tätigkeit. Damit erhöht sich die Wahrscheinlichkeit, dass das Kind sie später gern wiederholt.

Anerkennung und Geltung

Durch die Zustimmung des Erwachsenen erlebt sich ein Kind auch als erfolgreich im Vergleich mit anderen Kindern, besonders wenn diese die Situation miterleben. Das von Ihnen gelobte Kind wird sich nun auch bei weiteren Aufgaben Mühe geben, um sich seine günstige Rolle in der Gruppe zu erhalten.

Im Zusammenhang von Geltung und Anerkennung müssen jedoch zwei Aspekte beachtet werden: Solange ein Kind – übrigens auch jeder Erwachsene – hauptsächlich vom Wunsch nach Geltung und Anerkennung motiviert ist, besteht zum einen eine mehr oder weniger starke Abhängigkeit von der beurteilenden Person, zum anderen wird der Sinn der Sache oder Tätigkeit zweitrangig. Die Motivierung über Lob und Anerkennung kann also lediglich als vorübergehend sinnvoll bezeichnet werden. Bei Kindern im Kindergartenalter (aber auch noch bei vielen während der Grundschulzeit) sind Anerkennung und Lob zuverlässige Faktoren der Motivierung.

keit abgebaut werden. Wenn Sie ihm nun eine Handlung erklären und zeigen, können Sie zugleich auch schon einmal einige Probleme besprechen, die voraussichtlich auftauchen werden. Dann kann sich das Kind später allein weiterhelfen. Kommen Sie Ihrem Kind auch nicht gleich beim geringsten Ruf zu Hilfe, denn damit würden Sie seine Abhängigkeit von Ihnen verstärken. Wenn Ihr Kind zu Ihnen kommt, um sich notwendigen Rat oder Hilfe zu holen, zeigen Sie ihm möglichst, wie es Lösungswege selbst finden kann.

Bitte denken Sie daran, dass Ihr Kind in einem gewissen Maße versuchen wird, gegen Ihren Willen zu handeln, und dass es dies sogar muss: Es ist ein wichtiger Teil der entwicklungsbedingten Verhaltensweisen. Entscheiden Sie also nicht alle daraus resultierenden Machtkämpfe zu Ihren Gunsten.

Unabhängigkeit vom Erwachsenen

Jedes Kind hat ein natürliches Bedürfnis, aktiv zu sein, was sich zum Beispiel in den Ihnen sicher bekannten Ausrufen «Alleine!» oder «Selber machen!» schon früh – und lauthals – artikuliert hat. Diesen Antrieb Ihres Kindes sollten Sie unbedingt unterstützen, also das Streben nach Unabhängigkeit vom Erwachsenen.

Ihr Kind war es bisher gewohnt, dass Sie ihm über die verschiedensten Schwierigkeiten hinweghalfen. Allmählich sollte diese Abhängig-

Leistungsmotivation im engeren Sinn

Schon das dreieinhalbjährige Kind zeigt eine beachtliche Leistungsmotivation. Sie äußert sich zum Beispiel in der Intensität, mit der es bestimmte Aufgaben selbständig erledigen will. Anfangs lässt es sich helfen. Sobald es die Aufgabe aber allein lösen kann, weist es jede Hilfe heftig ab. Wenn Ihr Kind konsequent bei der Sache bleibt, wenn es sich nur schwer von Außenreizen ablenken lässt, ist das ein sicheres Zeichen für seine zunehmende Leistungsmotivation.

Schwierigkeitsgrad einer Aufgabe

Bei einigen Untersuchungen zeigte sich, dass ein mittlerer Schwierigkeitsgrad vom Kind bevorzugt wird. Das heißt: Kinder wählen die Aufgaben, die ihrem Entwicklungsstand entsprechend weder zu leicht noch unerfüllbar schwierig sind. Der mittlere Schwierigkeitsgrad motiviert am stärksten zur Lösung von Aufgaben. Kinder jedoch, die bereits häufig Misserfolge erlebt haben, wählen davon abweichend oft sehr leichte Aufgaben, mitunter allerdings auch übermäßig schwierige – sie können sich dann beim Misslingen damit entschuldigen, dass die Lösung einfach unmöglich war. Es geht für Sie also immer wieder darum, die verschiedenen Spiele und Aufgaben des Lernspielprogramms so zu präsentieren, dass dieser mittlere Erreichbarkeitsgrad gegeben ist. Da Ihr Kind die Aufgaben in aller Regel gut lösen kann, erfährt es eine wesentliche Selbstbestätigung und eine Verstärkung seiner Leistungsmotivation. Die Freude am Lösen von Aufgaben behält Ihr Kind, wenn es durchschnittlich etwa fünf von sechs Aufgaben löst.

Individuelles Interesse an einem Sach- oder Tätigkeitsbereich

Im Lernspielprogramm finden Sie Anregungen aus den verschiedensten Bereichen wie Biologie, Geographie, Physik u. a. Für einige Themen wird Ihr Kind größeres Interesse entwickeln, andere lassen es gleichgültig. Das hängt von der Erfahrung des Kindes ab, sicher zum Teil auch von Ihrer eigenen Einstellung zu dem jeweiligen Sachbereich und von der Art, wie Sie Ihrem Kind die Aufgabe nahe bringen. Zudem ändern sich die Interessen Ihres Kindes mit zunehmendem Alter. Wenn Sie bemerken, dass es für ein Gebiet gerade besonders aufgeschlossen ist, geben Sie ihm dazu besonders anschauliche Informationen (eventuell auch Sachbücher, einen Experimentierkasten oder dergleichen). Bei dieser intensiven Beschäftigung entwickelt das Kind dann Fähigkeiten, die ihm auch in anderen Bereichen nützen werden.

Besonderer Reiz einzelner Aufgaben

Auch wenn ein Kind grundsätzlich z. B. an Tieren interessiert ist, gibt es innerhalb dieses größeren Wissensbereichs noch Unterschiede zwischen mehr oder weniger interes-

santen Fragestellungen. Der Reiz einer Aufgabe hängt oft wesentlich davon ab, in welchem Zusammenhang sie zu bisherigen Informationen steht: Wenn sie eine weiterführende Information erschließt, einen neuen Gesichtspunkt bringt oder eine Lücke füllt, wird das Kind die Anregung höher einschätzen. Auch der Überraschungswert einer Aufgabe kann die Motivation erhöhen. Geben Sie Ihrem Kind deshalb mitunter auch Anregungen, die seine bisherigen Erwartungen verändern oder in Widerspruch zu bisher gespeicherten Informationen und Erfahrungen stehen. Dazu ein Beispiel: Ihr Kind glaubte bisher,

dass alle Tiere, die so aussehen wie Fische, auch Fische sind. Jetzt erfährt es von Ihnen, dass manche Wassertiere, z. B. der Wal, in Wirklichkeit ein Säugetier ist, das lebende Junge zur Welt bringt. Solche Informationen sind interessant, neuartig und führen zu einer Differenzierung des Wissens.

Lernen im Kindergarten

Die Zahl der verfügbaren Kindergartenplätze in der Bundesrepublik Deutschland ist zwar in den letzten Jahren weiter gestiegen, in manchen Bundesländern gibt es aber noch erhebliche Defizite. In einer Statistik des Bundesministeriums für Bildung und Forschung werden für 1997 folgende Zahlen angegeben: 45,7 % der drei- bis vierjährigen, 78,1 % der vier- bis fünfjährigen und 87,8 % der fünf- bis sechsjährigen Kinder besuchen einen Kindergarten (bzw. eine entsprechende Einrichtung); von den 16 Bundesländern (einschließlich Hamburg, Berlin und Bremen) sind Niedersachsen, Nordrhein-Westfalen und Schleswig-Holstein die Schlusslichter hinsichtlich der Anzahl verfügbarer Kindergartenplätze. Die meisten Kinder in Deutschland können jedoch einen Kindergarten besuchen und erfahren dort Erziehung, Betreuung und Bildung. Vielleicht stellen sich Ihnen damit folgende Fragen:

– Ist eine zusätzliche Förderung durch die Eltern dann überhaupt erforderlich?
– Wie kann elterliche Förderung durchgeführt werden, ohne dass starke Überschneidungen mit dem Angebot des Kindergartens entstehen?
– Treten Eltern mit ihren Anregungen in Konkurrenz zu den Erzieherinnen? Sollen sie das vielleicht sogar?

Grundsätzlich soll der Kindergarten die Erziehung des Elternhauses ergänzen, die Hauptaufgabe und Verantwortung bleibt bei den Eltern. Bei einem Halbtagsbesuch des Kindergartens bleibt den Eltern selbstverständlich noch genügend Einflussmöglichkeit und Zeit für diese ihre Aufgabe, aber auch bei einem Ganztagsbesuch einer Kindertagesstätte sind damit lediglich ca. 30 Stunden von insgesamt ca. 90 bis 100 Stunden Wachzeit eines vierjährigen Kindes pro Woche abgedeckt. Auch dann bietet sich noch genügend Gelegenheit zur Wahrnehmung von Betreuungs-, Bildungs- und Erziehungsaufgaben.

! Wichtig ist, dass Sie als Mutter oder Vater in einem guten und ständigen Kontakt zu Kindergarten oder -tagesstätte bleiben, damit die Erziehungsziele und -inhalte einander nicht ungünstig beeinflussen oder widersprechen. Lassen Sie sich also durch die Erzieherinnen informieren, welche Themenschwerpunkte den Kindern im Kindergarten nahe gebracht worden sind, wo Vertiefungen und Ergänzungen besonders sinnvoll sind usw.

Bedenken Sie, dass die individuelle Förderung eines Kindes im Kindergarten nur begrenzt möglich ist: In den meisten Kindergruppen im Kindergartenbereich finden sich noch über 20 Kinder pro Gruppe.

Die elterliche Förderung und Anregung kann sich demgegenüber besonders nach der Individualität des Kindes richten, seinen persönlichen Wünschen und Interessen gezielt entgegenkommen, die Lebenssituation in der Familie, der Wohnung und im Umfeld einbeziehen.

Falls Ihr Kind keinen Kindergarten besucht, sind die Anregungen des Lernspielprogramms eine günstige Möglichkeit, eine entsprechende Förderung zu gewährleisten.

Situatives Lernen

Das situative Lernen ist eine in Kindergärten häufig eingesetzte Methode, die Sie zu Hause ebenfalls anwenden können. Nach diesem Lernansatz soll das Kind in seiner jeweiligen Lebenssituation die Gegebenheiten verstehen lernen oder auf nächstens zu erwartende Ereignisse vorbereitet werden. Dazu gehört zum Beispiel, dass es seine Familiensituation, seine nähere Umwelt (auch Freunde, Verwandte und Bekannte der Eltern) begreift und versteht. Sie sollten zum Beispiel zusammen mit Ihrem Kind die Geschäfte und Einrichtungen in der näheren Umgebung aufsuchen. Wenn jemand in der Familie krank ist, sollten Sie sich mit Fragen rund um die Gesundheit befassen, wenn ein Fest ansteht, die damit verbundenen Traditionen oder Vorbereitungen zum Thema machen.

Auch wenn in der näheren Umgebung Veränderungen eintreten, sollten Sie einhaken: Wenn z. B. die Umwelt durch Baumaßnahmen (Siedlungsbau, Straßenbau) wesentlich umgestaltet wird, wenn Tiere und Pflanzen dadurch in ihrem Bestand gefährdet werden, machen Sie diese Themen zum Ziel von Beobachtungen und einer gedanklichen Aufarbeitung.

Der gesamte Lernstoff wird nach dieser Methode auf die gegebene Situation bezogen: Alle Inhalte sollen möglichst selbst beobachtet oder erfahren werden.

Selbstverständlich ist die Motivation Ihres Kindes, sich mit den so greifbaren Fragen zu befassen, besonders stark. Wenn Sie ein gegenwärtiges oder in nächster Zeit zu erwartendes Thema Ihres Umfeldes aufgreifen, wird Ihr Kind gern mitmachen. So lernt es auch von Anfang an, in Zusammenhängen, also netzwerkartig, zu denken.

Das Lernen nach dem Situationsansatz sollte für Ihr Kind zu einer ständigen, interessanten Praxis wer-

den. Sie selbst brauchen es nur bei den verschiedensten Aktivitäten einzubeziehen, es mitzunehmen, ihm etwas dabei zu zeigen, soweit möglich, ihm etwas dazu zu erklären. Wenn Sie dieses ständige Einbeziehen Ihres Kindes praktizieren, wird Ihr Kind viele wichtige Lernschritte ganz nebenbei vollziehen.

Dazu ein Beispiel: Sie kaufen für einen Gemüseeintopf die verschiedenen Zutaten ein – ideal wäre eigenes Ernten des Gemüses im Garten – und bereiten zu Hause das Gericht Schritt für Schritt gemeinsam zu. Ihr Kind kann so den gesamten Zusammenhang von Anbau und Ernte, Markt und Endverbrauch überblicken.

Die Ergänzung durch systematische Anregungen, wie sie im Folgenden auf vielen Seiten angeboten werden, ist auch beim Lernen nach dem Situationsansatz sinnvoll. Es handelt sich dabei zum einen um Aktivitäten, die im Alltag normalerweise zu selten vorkommen, zum anderen um Anregungen, die wiederholt als Spiel und Lernstoff angeboten werden müssen, um letztlich sicher beherrscht zu werden. Bestimmt finden Sie jedoch auch viele Gelegenheiten, die Anregungen des Lernspielprogramms in einem gegebenen Situationszusammenhang durchzuführen, sodass Ihr Kind sinnvolle Verknüpfungen erlebt.

Wichtige Tipps

▸ Im «Elternbuch 5» erfolgt die Zuordnung der Spiele, Aufgaben, Beschäftigungen und Übungen zu den einzelnen Kapiteln innerhalb des Lernspielprogramms nach ihrem Schwerpunkt. Jede Anregung spricht mehrere psychische Funktionen und auch Themenbereiche an. Einige Anregungen beispielsweise, die im Kapitel «Wahrnehmen» aufgeführt sind, könnten auch im Kapitel «Denken und Kreativität» dargestellt werden. Die durch die Kapitel gegebene Einteilung

dient insofern nur als Orientierung. Wenn Sie andererseits die meisten Anregungen des gesamten Lernspielprogramms mit Ihrem Kind bearbeitet haben, können Sie sicher sein, alle für die breite Förderung Ihres Kindes erforderlichen Lernimpulse gegeben zu haben.

▸ Wählen Sie für die täglichen Lernspielphasen jeweils Anregungen aus verschiedenen Kapiteln aus. Gehen Sie also nicht etwa Kapitel für Kapitel durch. Ein kleines Häkchen am Rande kann Ihnen eine Erinnerungsstütze dafür sein, ob Sie die entsprechende Anregung schon einmal durchgeführt haben. Wiederholungen kennzeichnen Sie durch ein anderes Zeichen.

▸ In einigen Kapiteln des Lernspielprogramms finden Sie zunächst «grundlegende Anregungen». Sie geben Ihnen wichtige Informationen, die Sie das ganze Jahr über besonders berücksichtigen sollten. Soweit es sich dabei um Anregungen zu speziellen Übungen handelt, sollten Sie dafür möglichst viele Wiederholungen mit kleinen Veränderungen und Abwandlungen vorsehen.

▸ Wenn Ihr Kind im ersten Halbjahr die verschiedenen Anregungen leicht bewältigt, können Sie auch schon ein wenig vorgreifen auf die für das zweite Halbjahr vorgesehenen Lernspiele; im zweiten Halbjahr können Sie gegebenenfalls die Anregungen aus dem «Elternbuch 6» hinzunehmen. Auch die Anregungen von «Elternbuch 4» können noch nützlich sein, wenn Ihr Kind in dem einen oder anderen Bereich zusätzliche Entwicklungsimpulse braucht.

▸ Vor jeder Anregung ist in wenigen Worten das Ziel angegeben. Es dient der präzisen Information und dem Überblick. Außerdem ermöglicht es Ihnen, die Anregung selbst zu erweitern oder so an eine dafür günstige Situation anzupassen, dass das genannte Ziel sinnentsprechend erhalten bleibt.

▸ Lesen Sie die jeweiligen Anregungen durch und legen Sie dann alles bereit, was Sie dazu brauchen, damit das Lernspiel selbst ohne eine Ihr Kind frustrierende Unterbrechung durchgeführt werden kann.

▸ Beobachten Sie Ihr Kind bei den Aufgaben gut und geben Sie im richtigen Augenblick kleine Hilfen, wenn sie erforderlich sind.

▸ Warten Sie für die Spiele und Beschäftigungen einen günstigen Zeitpunkt ab: wenn Ihr Kind ausgeschlafen, gut gelaunt und unternehmungslustig ist. Unterbrechen Sie wegen der Lernspiele keine andere Beschäftigung Ihres Kindes. Versuchen Sie dennoch, jeden Tag zweimal eine Zeitspanne von etwa 25 bis 40 Minuten einzuhalten, eine vormittags, eine nachmittags. Diese Regelmäßigkeit erleichtert Ihrem Kind die Entwicklung der notwendigen und in unserer Gesellschaft selbstverständlichen Leistungsmotivation.

▸ Versuchen Sie nicht, Anregungen, die Ihr Kind ablehnt, mit Druck durchzusetzen. Warten Sie in diesem Fall mit der entsprechenden Anregung einige Wochen ab und versuchen Sie es dann mit einem interessanten Einstieg noch einmal.

▸ Die Spiele und Aufgaben sind entsprechend ihrer Wichtigkeit gekennzeichnet:

■ bedeutet: Bitte nehmen Sie sich unbedingt Zeit für diese Beschäftigung.

◉ bedeutet: Lassen Sie möglichst auch diese Anregung nicht entfallen.

• bedeutet: Wenn Sie genügend Zeit haben, sollten Sie Ihrem Kind auch diese Anregung bieten.

Anregungen
für alle Sinne

Grundlegende Anregungen

⬛ Ziel: Das Wahrnehmen in allen Sinnesbereichen (Sehen, Hören, Tasten, Riechen, Schmecken, Gleichgewichtsempfinden) verfeinern; das Interesse für die bewusste Aufnahme von Reizen steigern; die Fähigkeit zur Analyse und Erinnerung von Wahrnehmungen erhöhen.

Das Wahrnehmen, die Aufnahme von Reizen durch die Sinnesorgane, ist der Ausgangspunkt für alle gesteuerten kognitiven Prozesse und regt gleichzeitig auch ständig die allgemeine Denktätigkeit an. Aufgrund der Wahrnehmungen, die dem Gehirn durch die einzelnen Sinnesorgane zugeleitet werden, kann das eigene Verhalten gesteuert und der Situation angepasst werden. Insofern ist eine intensiv ausgebildete Wahrnehmungsfähigkeit die Voraussetzung für eine hoch entwickelte Denktätigkeit.

Bitten Sie deshalb Ihren Kinderarzt bei einer Routineuntersuchung, dass er auch das Seh- und Hörvermögen Ihres Kindes testet. Denken Sie daran, dass eine unzureichende Aufnahmefähigkeit der Seh- oder Hörorgane die geistige Entwicklung Ihres Kindes wesentlich beeinträchtigen kann.

Der enge Zusammenhang von Denkprozessen und Wahrnehmung zeigt sich besonders klar beim Lesen und Sprechen bzw. Hören. Zeichen und Signale werden dem Großhirn zugeleitet und dort entschlüsselt. (Die Anforderungen an Wahrnehmung und differenziertes Denkvermögen sind z. B. bei der japanischen und chinesischen Schrift aufgrund der vielfach größeren Anzahl von Schriftzeichen wesentlich höher als bei unserer Schrift – daher werden genaues Hinsehen und Gedächtnis dort wesentlich intensiver geübt als bei uns.)

Wichtig ist allerdings nicht nur die Förderung der Wahrnehmungstätigkeit, sondern auch die Anreicherung des Gedächtnisses. Nur so können die unmittelbar aufgenommenen Informationen rasch in ihrer Bedeutung erfasst und richtig zugeordnet werden. Es geht also darum, sowohl die verschiedenen Möglichkeiten des Sensoriums selbst anzuregen sowie den zugeordneten Speicher mit neuen Informationen zu versorgen. Dazu dienen alle Reizangebote, die dem Kind teils bekannte, teils neue Informationen bringen. Zeigen Sie ihm Dinge, die es bisher noch nicht kennt, und beziehen Sie diese Neuheiten nach Möglichkeit in Spiele oder Gespräche der nächsten Tage ein. Hierzu zwei Beispiele:

Suchen Sie in der Nähe Ihrer Wohnung mit Ihrem Kind einen Baum, der wegen seiner weiten Krone, des hohen Stammes, seiner glatten Rinde oder zum Beispiel wegen seiner farbigen Blätter auffällt. Wählen Sie nun einen zweiten Baum in unmittelbarer Nähe und vergleichen Sie gemeinsam beide Bäume: Wie sehen die Bäume aus, wie ihre einzelnen Teile? Welche Farbe haben die Ober- und Unterseite der Blätter, der Stamm, die dicken und die dünnen Äste? Wie sehen die Früchte aus (wer ernährt sich von diesen)? Wie duftet die Rinde, wie fühlt sie sich an? Wie bewegen sich die beiden Bäume im Wind? Welche Töne geben sie dabei von sich? Können die beiden Bäume gut gezeichnet werden, was ist besonders auffällig an ihnen? Verschiedene Sinne werden dabei angesprochen, die Eindrücke besprochen, vielleicht finden Sie sogar eine Geschichte, die etwas über einen Baum erzählt.

Vielleicht haben Sie die Gelegenheit, mit Ihrem Kind einen Fernsehturm zu besuchen. Beim nächsten gemeinsamen Fernsehen können Sie ihm dann erklären, dass die Bilder über den Sender auf dem Turm in den Fernsehapparat gelangen. Dazu zeichnen Sie mit ihm den Turm und den Weg der Radiowellen zu Ihrer Wohnung oder Sie regen an, mit Bauklötzen einen Fernsehturm nachzubauen usw.
Sicher finden Sie auch in Ihrer Wohnumgebung eine Satellitenschüssel – dort werden die Wellen von Sendern empfangen, die über einen oder mehrere Satelliten zu uns geschickt werden.
Das wiederholte Ansprechen und die Verarbeitung von früheren Eindrücken helfen, die Erinnerung zu verbessern; oft lösen sie weitere Fragen Ihres Kindes aus. Diese wiederum regen zu neuen Beobachtun-

gen an – im guten Fall ein sich positiv stimulierender Kreislauf und übrigens zugleich ein Beispiel für Wechselwirkungsprozesse und das Entstehen geistiger Netzwerke.

Ab vier Jahren

 Ziel: Kennenlernen neuer Dinge.

Bei Autofahrten, Ausflügen, Spaziergängen und beim Einkaufen können Sie mit Ihrem Kind «Kennst-du-das?»-Fragen spielen. Dabei fragen Ihr Kind und Sie abwechselnd. Ihr Kind stellt Ihnen zum Beispiel diese Fragen:

– «Was ist das für eine Hunderasse?»
– «Wie heißt die Blume?»
– «Was für ein Baum ist das?»
– «Was ist das für ein Gebäude?» usw.

Umgekehrt fragen Sie Ihr Kind:
– «Was überqueren wir gerade?» (Fahrstraße, Radweg, Gehweg, Marktplatz usw.)
– «Was für ein Container ist das?» (für Altpapier, Altglas usw.)
– «Wie heißt dieses Gerät auf der Baustelle?»
– «Wie nennt man diese Dachform?» usw.

Wenn Sie bestimmte Dinge nicht ausreichend oder richtig beantworten können, fragen Sie einen Fachmann in der Nähe (den Hundebesitzer, den Bauarbeiter usw.) oder schauen Sie zu Hause mit Ihrem Kind in geeigneten Büchern nach. Auf diese Weise regen Sie Ihr Kind an, mit offenen Augen durch die Welt zu gehen, Fragetechniken zu erwerben und bei geeigneten Quellen nach Antworten zu suchen.

● Ziel: Bilder schnell erfassen. Legen Sie eine Bildermappe an. Jedes interessante Foto, das Sie in einer Zeitschrift entdecken, schneiden Sie aus und stecken es in die Mappe. Auch Prospekte, Kalenderbilder, Landschafts- und Städtefotografien kommen dafür in Frage.

Nehmen Sie dann gelegentlich fünf dieser Bilder heraus und betrachten Sie sie zusammen mit Ihrem Kind. Fragen Sie es nach bestimmten Details wie: «Kannst du auf diesem Bild einen Dackel finden?» – «Wohin geht der Mann mit seiner Aktentasche vermutlich?» usw. Mit diesem Spiel schärfen Sie den Blick Ihres Kindes auch für Details. Auch ein Kinder- oder Jugendlexikon (ggf. Erwachsenenlexikon) enthält viele Bilder, die sich für diese Aufgabenstellung eignen.

● Ziel: Die Inhalte eines Bildes in ihrer Beziehung zueinander auffassen und dabei Wichtiges von Unwichtigem unterscheiden.

Bevor Sie Ihrem Kind den Text eines neuen Kinderbuches vorlesen, sollten Sie sich zunächst – verteilt auf mehrere Tage – alle Bilder gemeinsam anschauen. Lassen Sie Ihr Kind dabei erzählen, was es sieht und was seiner Ansicht nach auf dem Bild passiert. Führen Sie es durch entsprechende Fragen dazu, auf wichtige Merkmale zu achten, die für die Handlung eine Bedeutung haben könnten. Erst danach lesen Sie den Text zu den Bildern vor.

● Ziel: Erinnern optischer, akustischer, olfaktorischer, taktiler und gustatorischer Eindrücke (Sehen, Hören, Riechen, Tasten, Schmecken).

Verdeutlichen Sie Ihrem Kind Zusammenhänge, indem Sie es bei einem aktuellen Anlass an zurückliegende Erfahrungen erinnern.

Dafür ein Beispiel: Bei einer Motorbootfahrt haben Sie vor einigen Wochen Ihrem Kind die Schraube gezeigt und ihm dabei einiges über den Antrieb des Schiffes durch den Motor erklärt. An einem ande-

ren Tag spielt Ihr Kind mit einem Windrad. Ihr Kind will wissen, warum es sich dreht. Dabei ergibt sich eine gute Gelegenheit, an die Schiffsschraube zu erinnern, die bei ähnlichem Aussehen eine andere Aufgabe und einen anderen Antrieb hat. So verbinden sich verschiedene Einzelinformationen nach und nach zu einem Netzwerk. Ihr Kind wird dadurch vielleicht angeregt, nach dem Zusammenhang von Form und Funktion bei anderen Dingen zu fragen.

Die Anregung, alte und neue Informationen zu verknüpfen, lässt sich auf alle Sinnesbereiche übertragen. Wenn Sie zum Beispiel ein bestimmter Duft an ein Erlebnis erinnert, bei dem auch Ihr Kind anwesend war, machen Sie es darauf aufmerksam. Fragen Sie es, ob es sich auch an diesen Duft erinnert, wo es ihn schon einmal wahrgenommen hat, und sprechen Sie über die Geruchsquelle.

Ebenso können akustische, taktile und gustatorische Reize in Erinnerung gebracht werden. Wichtig ist, dass Sie mit diesen Anregungen zwischen den Sinnesbereichen abwechseln. Das erreichen Sie, indem Sie beispielsweise einmal eine Woche zur «Geruchswoche» machen, die nächste zur

«Geschmackswoche» usw.; die «Seh»- und «Hörwochen» sollten allerdings wegen der Bedeutung dieser Sinneswahrnehmungen überwiegen.

■ Ziel: Gegenstände des täglichen Gebrauchs durch Tasten erkennen.

Stellen Sie eine undurchsichtige Abtrennung auf den Tisch. Dahinter legen Sie verschiedene Gegenstände aus dem Badezimmer, einen Waschlappen, Zahnbürste, Cremedose, Zahnputzbecher, Wäscheklammer usw. Ihr Kind sitzt so vor der Abschirmung, dass es diese Dinge nicht sehen kann. Es soll nun einen Gegenstand nach dem anderen ergreifen, abtasten und ihn erraten.

An anderen Tagen werden Gegenstände aus der Küche, aus dem Kinderzimmer usw. ertastet. Bei größeren Dingen (Möbel usw.) verbinden Sie Ihrem Kind die Augen und führen es zu dem entsprechenden Gegenstand oder Ding. Ein anderes Mal füllen Sie einen Sack mit kleinen Gegenständen. Jeden erkannten Gegenstand nimmt Ihr Kind heraus. Dieses Spiel eignet sich mit Keksen, kleinen Spielsachen usw. auch für einen Kindergeburtstag.

Ziel: Ähnliche Geräusche erzeugen, ohne die Geräuschquelle zu sehen.

Teilen Sie das Zimmer zum Beispiel mit einem Wandschirm (oder einer von Wand zu Wand befestigten Schnur und einem Bettlaken) in zwei Hälften. Sie stehen auf der einen Seite, Ihr Kind auf der anderen. Erzeugen Sie nun mit Gebrauchsgegenständen wie Gläsern, Besteck, Farbstiften usw. Töne. Nach jedem Geräusch soll Ihr Kind versuchen, denselben Ton zu erzeugen. Es muss sich also die Geräte suchen, mit denen das möglich ist. Wenn es den Ton gut getroffen oder die Geräuschquelle erraten hat, macht es selbst ein Geräusch vor.

Ab viereinhalb Jahren

 Ziel: Kleine Veränderungen an Abbildungen erkennen.

Kaufen Sie einmal zwei gleiche Zeitschriften. Suchen Sie sich dann ein paar Bilder heraus, an denen sich gut etwas verändern lässt. In jeweils eines der Bilderpaare zeichnen Sie fünf bis sieben Veränderungen, auffällige und unauffällige. Ihr Kind sucht sie dann.

Ziel: Dinge der Umgebung unter erschwerten Bedingungen identifizieren.

Dieses Spiel haben Sie sicher schon auf den Kinderseiten von Zeitschriften gesehen. In einem gezeichneten Bild lässt sich bei genauem Hinsehen noch eine Figur entdecken, deren Umrisslinien sich teilweise mit den Linien der vordergründigen Darstellung, z. B. einer Baumkrone, einem Gesichtsprofil usw., decken. Die Frage an den Betrachter lautet dann: «Wo versteckt sich der Vogel (der Löwe, das Kind usw.)?»

Spiele dieser Art können Sie selbst zeichnen. Beginnen Sie mit einem einfachen Tier oder einem Ding, das eine charakteristische Form hat. Dann zeichnen Sie zum Beispiel eine Landschaft darüber. Beliebt ist auch die Variante, bei der sich zum Beispiel viele Mäuse verstecken: zu sehen sind jeweils nur ein Ohr, die Schnauze oder der Schwanz.

Bei einem anderen «Versteckspiel» soll Ihr Kind durch ein nahezu undurchsichtiges Tuch oder eine Folie blicken und erraten, welchen Gegenstand Sie ihm zeigen. Oder Sie zeigen ihm Dinge des Alltags bei unzureichender Beleuchtung oder aus ungewohnter Perspektive, beispielsweise einen Schraubenzieher nur von seiner Spitze her, und bitten es, die Gegenstände zu benennen.

Ziel: Schnelles Auffinden gleicher Elemente aus einer Grundmenge.

Benutzen Sie als Grundmenge für dieses Spiel alle Teile eines größeren Baukastens (Lego, Holzbaukasten usw.). Legen Sie eine Reihe aus zehn bis fünfzehn einzelnen Teilen. Dann bitten Sie Ihr Kind, aus dem Kasten jeweils noch ein gleiches Exemplar dieser Bauelemente zu nehmen und daneben zu legen. Daraus baut Ihr Kind dann etwas, zum Beispiel eine Phantasiemaschine.

Ziel: In einer größeren Menge die ungleichen Teile finden.

Dieses Spiel können Sie gut mit Alltagsbeschäftigungen verbinden, zum Beispiel mit Arbeiten in der Küche: Mischen Sie unter Äpfel eine Birne, die nicht leicht zu erkennen ist, unter gelbe Rüben eine Schwarzwurzel, unter eine kleine Hand voll Bohnen eine Erbse usw. Ihr Kind sucht die Dinge, die nicht zu den anderen gehören. Oder Sie räumen Besteck ein, und Ihr Kind legt die falsch eingeordneten Teile an die richtige Stelle. Auch im

Schuhschrank, Wäscheschrank, Werkzeugkasten usw. finden sich viele Möglichkeiten für dieses Spiel.

Sie können auch Papier und Bleistift einsetzen: Zeichnen Sie fünf bis sieben Gegenstände auf ein Blatt Papier, die zusammengehören (Spielsachen, Obst usw.). Dazwischen malen Sie etwas, das nicht dazugehört (einen Schuh zwischen die Spielsachen, einen Hammer zwischen das Obst usw.).

■ Ziel: Einzelheiten nach Farbe und Form einordnen, Abmessungen schätzen, Längen vergleichen und auf Übereinstimmung prüfen.

Suchen Sie aus Zeitschriften oder Kalendern Bilder heraus, die Ihrem Kind vermutlich gefallen (Tierbilder usw.). Wenn Sie zwölf Bilder möglichst gleicher Größe gesammelt haben, kleben Sie diese auf einen festen Karton. Dann schneiden Sie drei Bilder in je drei Teile von unterschiedlicher Größe und mit unregelmäßigen, kurvigen

Formen, drei Bilder in je fünf Teile, drei in je acht und die drei letzten in je zwölf Teile.

So haben Sie zwölf Puzzles von unterschiedlichem Schwierigkeitsgrad. Jedes Puzzle bewahren Sie in einem Briefumschlag auf. Zuerst geben Sie Ihrem Kind die einfacheren Puzzles, später die mehrteiligen. Nach einigen Wochen mischen Sie die neun Teile der drei einfachsten Puzzles, dann die fünfzehn Teile der nächsten drei Puzzles usw. So steigern Sie den Spielreiz nochmals ohne großen Aufwand.

■ Ziel: Unterscheiden verschiedener Geräusche, Geruchs- und Geschmacksrichtungen in der Küche.

Verbinden Sie Ihrem Kind gelegentlich vor dem Mittagessen die Augen und führen Sie es dann in die Küche. Hier lassen Sie es schnuppern und geben ihm natürlich auch einige Kostproben: Welche Geräusche, Gerüche und Geschmacksrichtungen erkennt es? Welches Essen wird es geben?

Spiele und Übungen, die das Sprechen anregen

Grundlegende Anregungen

■ Ziel: Durch Rollenspiele verschiedene Einstellungen und Standpunkte erfahren, durchdenken und dazu Stellung nehmen, Lösungsmöglichkeiten für Konflikte erkennen und anwenden, Toleranz entwickeln.

Das Rollenspiel eignet sich hervorragend zum Kennenlernen der unterschiedlichsten Einstellungen, Verhaltensweisen und Auffassungen, da der oder die Spielende ein sonst fremdes Erleben und Verhalten ausschnittweise nachvollzieht. Das Kind muss also wissen, wie sich die nachgespielten Vorbilder verhalten und was in ihnen vorgeht. In den Rollenspielen können sowohl bestimmte Berufsträger (zum Beispiel Post- oder Bankbeamter, Verkäuferin im Supermarkt, Astronaut, Artistin usw.) verkörpert werden wie auch Persönlichkeitsrollen (Vater, Mutter, Kind, Onkel, Tante, Großmutter, Großvater, Schüler, Lehrling usw.) oder Emotionsrollen (lustig, traurig, aggressiv, enttäuscht usw.).

Durch das Gegenüberstellen verschiedener Rollen lassen sich viele Rollenspiele erfinden: Wie verhält sich z. B. der Vertreter einer Berufsrolle (Verkäuferin) zu der Vertreterin einer Persönlichkeitsrolle (der Großmutter)? Was ergibt sich bei einem Kontakt zwischen Berufsrolle (Polizist) und Emotionsrolle (lustig)? Oder was passiert, wenn zwei Emotionsrollen (lustig und traurig) aufeinander treffen?

Aus diesen und ähnlichen Kombinationen sollten Sie in jeder Woche zwei neue Rollenspiele gestalten. Die genannten Rollen sind hier für Sie als Anregung gedacht – Ihr Kind wird wahrscheinlich entsprechend seiner aktuellen Stimmung mitspielen. Sprechen Sie aber vorher mit Ihrem Kind über die Rollen und das

Thema. Auch gemeinsame Erlebnisse können zum Thema werden: ein Spaziergang, Einkaufen, Erlebnis bei einem größeren Ausflug, ein Konflikt, Eifersucht usw.

Sie können beispielsweise vorschlagen: «Wir spielen jetzt, dass jemand sein Auto falsch geparkt hat und von der Polizei aufgeschrieben wird. Du bist der Polizist, und ich bin die Frau, die gerade dazukommt und sich über den Strafzettel ärgert.» (Der Erwachsene spielt in diesem Fall gleichzeitig eine Persönlichkeits- und Emotionsrolle.) Bevor das eigentliche Rollenspiel beginnt, besprechen Sie kurz die wichtigsten Aspekte der Handlung: Ort und Zeit, Ausmaß der Verkehrsübertretung, das Verhalten zwischen einem sachlichen Polizisten und der aufgebrachten Fahrerin. Anschließend heben Sie die von Ihrem Kind besonders gut gespielten Verhaltensweisen hervor.

Wenn es Ihrem Kind und Ihnen Spaß macht, versuchen Sie die Situation mit vertauschten Rollen noch einmal durchzuspielen. Daraus lernt Ihr Kind am besten, wie unterschiedlich die Rollen sind, worauf es jeweils besonders achten muss.

Rollenspiele sind für Sie gleichzeitig eine gute Möglichkeit, Ihr Kind noch besser kennen zu lernen. Vielleicht entdecken Sie dabei, dass es bestimmte Vorlieben hat oder dass es unbewältigte Probleme mit sich herumträgt, die im Spiel zum Vorschein kommen.

Schneiden Sie gelegentlich ganz gezielt Themen an, in denen Ihr Kind zu persönlichen Problemen Stellung nehmen kann (Wohin sollten wir einen Ausflug machen? Was wäre, wenn deine Puppe verloren ginge? Was wäre, wenn du noch ein Geschwisterchen bekommen würdest? Wie bist du entstanden? usw.), zu Problemen mit Freundschaften (Darf mein Freund auch mal hier schlafen? Ich streite häufig mit meinem Freund, obwohl ich gern mit ihm spielen möchte, usw.), zu Kommunikations- und Familienproblemen (Streit mit den Geschwistern; Eltern haben zu wenig Zeit zum Spielen usw.).

In diesen Rollenspielen können Sie eine der Rollen übernehmen, die an der Entstehung der Konflikte beteiligt ist, und so die kritische Thematik ansprechen. Es geht jedoch nicht darum, dass Sie einen vermuteten Konflikt in eben diesem Rollenspiel sofort lösen. Vielmehr gibt die Spielsituation Ihnen die Möglichkeit, Ihr Kind unter diesem Aspekt genauer zu beobachten und ihm in den folgenden Wochen bei der Bewältigung des Problems zu helfen. Zudem erkennen Sie unter Umständen durch das Verhalten Ihres Kindes, dass Sie sich in einigen Punkten falsch verhalten haben und daher selbst Ursache des Problems sind. Das Erkennen möglicher Lösungen geschieht im Wesentlichen dadurch, dass Sie während des Spiels wichtige Informationen beisteuern, die Ihrem Kind helfen, alle Seiten des Problems zu beachten. Lassen Sie auch Identifikationsfiguren des Kindes und Tiere in den Rollenspielen vorkommen.

Wenn Ihr Kind Tiere mit bestimmten Eigenschaften bevorzugt (besonders starke Tiere, sanfte Tiere, unscheinbare Tiere), kann dies ein Hinweis auf seine Einstellung geben: Es fühlt sich angegriffen, es möchte mehr Zärtlichkeit bekommen oder dergleichen. Das Nachspielen von Film- oder Hörspielszenen hat zugleich den Effekt, dass die Eindrücke besser verarbeitet werden – Ihr Kind wird so auch ungünstige Eindrücke aus dem Fernsehen, die nie ganz zu vermeiden sind, besser verarbeiten und z. B. weniger schlecht träumen oder schlafen.

Die Bedeutung der Requisiten wird oft von den Erwachsenen überschätzt. Kinder können sehr gut improvisieren und brauchen kaum anspruchsvolles Zubehör: Ein Baustein wird als Banane, Schuhcreme oder Stempel benutzt, ein Bleistift oder Lineal als Spritze usw.

Sorgen Sie dafür, dass Ihr Kind auch Rollenspiele mit anderen Kindern spielt. Günstig ist, wenn Sie zuvor den Handlungsablauf mit einigen Worten festlegen. Dann ist die Gefahr geringer, dass die Handlung ins Stocken gerät. Ziehen Sie sich nicht sofort zurück, «weil ja genug Kinder da sind». Spielen Sie ruhig eine Weile mit. So können Sie den Kindern ganz nebenbei Anregungen geben, die die Kinder ein anderes Mal spontan von sich aus einbringen.

Wenn Sie gelegentlich ein Tonband mitlaufen lassen, können Sie hinterher Ihre eigene Spiel- und Sprechweise einschätzen bzw. beurteilen.

Beim nächsten Mal spielen Sie Ihre Rolle dann vielleicht noch deutlicher oder überzeugender und verhelfen Ihrem Kind so zu genaueren Beobachtungen.

 Ziel: Sprechfehler rechtzeitig erkennen und gegebenenfalls eine Therapie einleiten.

Sprechfehler wie Stottern, Stammeln und Lispeln finden sich bei Kindern im Vorschulalter relativ häufig und sind kein Grund zur Beunruhigung. Wenn Sie auf einen Sprechfehler falsch reagieren, verstärken Sie ihn möglicherweise. Machen Sie Ihr Kind nicht auf seine Sprechweise aufmerksam. Verlangen Sie nicht von ihm, langsam und deutlich zu sprechen.

Gehen Sie vielmehr mit gutem Beispiel voran: Sprechen Sie einige Monate besonders ruhig und deutlich, nehmen Sie sich Zeit zum Sprechen mit Ihrem Kind, wählen Sie Gesprächssituationen, in denen Sie selbst entspannt sind (Ruhe im Raum, angenehme Temperatur, in einem bequemen Sessel, nach der Erledigung der dringlichen Tagesaufgaben, ohne Störungen von außen).

Wenn der Sprechfehler länger als vier Monate bestehen bleibt oder das Sprechen sogar noch schlechter wird, sollten Sie sich an eine Familien- oder Erziehungsberatungsstelle wenden. Dort wird man Ihnen sagen, ob eine medizinische Untersuchung ratsam erscheint, ob eine Logopädin helfen kann, ob es sich um ein Verhaltensproblem handelt o. ä.

Ab vier Jahren

■ Ziel: Genau zuhören und Unstimmigkeiten in einer Geschichte entdecken.

Erzählen Sie Ihrem Kind manchmal erfundene Geschichten, in die Sie deutliche Fehler einbauen, zum Beispiel: «Eines Tages radelte die Katze hinter der Maus her ...» – «Da nahm der kleine Moritz seinen Vater auf den Arm und trug ihn aus dem Zimmer ...» usw. Ihr Kind wird so zu einem sehr aufmerksamen Zuhörer und merkt sofort, wenn Sie (oder andere) ihm einen Bären aufbinden wollen oder wenn nur unzureichende Erklärungen abgegeben werden.

■ Ziel: Alle wichtigen Laute der deutschen Hochsprache lautrein aussprechen.

Im Anschluss finden Sie für die wichtigsten Laute einen Beispielsatz, in dem jeweils ein Laut (Phonem) gehäuft vorkommt. Einige Sätze werden Ihnen vielleicht als Zungenbrecher erscheinen.

Es geht nicht darum, dass Ihr Kind diese Sätze schnell sprechen kann. Im Gegenteil: Das könnte zu diesem Zeitpunkt zu einem Sprechfehler führen oder vorhandene Schwierigkeiten wie Stottern usw. verstärken.

Sprechen Sie Ihrem Kind jedoch an einem Tag zwei oder drei dieser Sätze sehr ruhig und deutlich vor und bitten Sie es, sie jeweils nachzusprechen. Vielleicht machen ihm diese kleinen Sprechübungen noch mehr Spaß, wenn Sie die Sätze jeweils in eine kurze Geschichte einbauen. In den ersten 26 Sätzen kommen die 26 Buchstaben des Alphabets vor – danach kommen noch weitere Beispiele:
- Anne hat einen schwarzen Kamm.
- Die Bahn zockelt nach Ahorndorf.
- Der ICE donnert durch das waldreiche Land.

- Welcher Drache steigt so hoch wie die Lerche?
- Egon sieht mehrere Segelboote auf dem See.
- Fisch, Frosch und Veilchen klingen am Anfang nach fff (nicht «ef» sprechen!).
- Das Gespenst geistert bis zum Morgengrauen herum.
- Hoch erhebt sich der Habicht über dem Haus.
- Die sieben Igel kriechen über die Wiese.
- Ein Junge jubelt «juhee» und «heijo».
- Der Kasper klopft mit dem Knöchel den Takt.
- Das Licht ist nicht violett.
- Die Mondsichel sieht manchmal silbern aus.
- Ein Nagetier zwängt sich durch einen engen Gang.
- Der Onkel klopft an die Tonne.
- Peters Pudel schnappt nach einem Lappen.
- Der Quacksalber redet Quatsch.
- Auf dem Rummelplatz knurrt ein Hund die Bummelbahn an.
- Die saubere Schnauze der Sau ist rosafarben.
- Die treue Eule sitzt auf dem Wegkreuz.
- Ursula sucht ihre Uhr.
- Das Veilchen blüht violett.
- Wohnt der Floh auch im Wohnmobil?

- Xaver und die Hexe feixen.
- Das Yak läuft auf vier Beinen zum Himalaya.
- Eine Zypresse wächst auf dem grünen Hügel.
- Der Löwe scheucht die Vögel aus der Höhle.
- Plötzlich öffnen sich zwölf Tore.
- Die Mücke sitzt auf der Brücke.
- Ein weißer Stein liegt auf der Weide.
- Der Bär brummt, die Imme summt.
- Die Sonne scheint auch nachts.
- Male bitte ein Bild auf das gelbe Blatt.
- Ich gieße die Begonien im Garten.
- Die Schnepfe pickt Körner aus einem kupfernen Napf.
- Die lustige Tante tanzt Tango.
- Fliegt die Tsetse-Fliege in Afrika stets vorwärts?
- Geschwind treibt der Wind die Wolken.
- Ein Zauberer zappelt im Ozean.
- Kein schwarzer Schwan schwimmt wie ein Fisch.
- Elke lernt «Limonade» lesen.
- Rote Rosen verschönern den Raum.
- Am Stand kaufst du die günstigsten Stachelbeeren.

Wenn Sie bemerken, dass Ihr Kind beim Nachsprechen eines bestimmten Lautes Schwierigkeiten hat, üben Sie diesen Laut mit ihm. Lassen Sie das Kind beobachten, wie Sie Ihren Mund und die Lippen bei der Aussprache formen. Bilden Sie dann weitere Übungssätze oder erzählen Sie ihm eine Geschichte, in der dieser Laut häufig vorkommt. Ihr Kind sollte Ihnen diese Geschichte satzweise nachsprechen.

Machen Sie dieses Lernspiel zum Sprechen nur, wenn Ihr Kind gern darauf eingeht und wenn es die Sätze auch wirklich gut nachspricht, sodass Sie es dafür loben können. Andernfalls machen Sie mit dem Nachsprechen eine Pause von mehreren Wochen und bieten Sie vermehrt Hörspielkassetten mit interessanten Geschichten und von guter sprachlicher Qualität an.

Sie können das Nachsprechen auch gut in einen größeren Spielablauf einbauen: Sie spielen z. B. «Nachmachen». Sie machen eine Bewegung, Ihr Kind macht diese Bewegung nach, jetzt macht Ihr Kind eine Bewegung, die Sie nachmachen usw. Irgendwann sprechen Sie den gewünschten Satz, dann spricht Ihr Kind ihn nach usw. So bleibt Ihr Kind locker und verkrampft sich nicht beim Nachsprechen. Damit ist die Chance, dass es einen bestimmten Laut, den es bisher nur schwer aussprechen konnte, nun richtig sprechen kann, deutlich erhöht.

Wenn in Ihrer Familie Dialekt gesprochen wird, sollte Ihr Kind auch die hochdeutsche Umgangssprache sprechen lernen. Das wird ihm später in der Schule eine große Hilfe sein. Dialektfreies Sprechen hört Ihr Kind jederzeit aus Kindersendungen des Rundfunks oder des Fernsehens, regen Sie es zum Nachsprechen an.

Ziel: Treffende Wörter sicher anwenden können.

Geben Sie Ihrem Kind immer wieder Beispiele dafür, wie man aussageschwache Wörter durch treffendere Bezeichnungen ersetzt. Das bietet sich vor allem dann an, wenn Sie mit Ihrem Kind etwas Neues anschauen.

Suchen Sie ruhig ein wenig nach dem besten Eigenschaftswort und verbessern Sie sich, wenn Ihnen ein noch passenderer Ausdruck einfällt. Statt «hell» kann man ja eventuell auch «strahlend», «glänzend», «schimmernd», «blank», «silbrig», «rein», «klar» usw. sagen. Jedes Wort bezeichnet den Sachverhalt unter einem bestimmten Aspekt. Ein falscher oder unklarer Ausdruck gibt eine verzerrte Vorstellung von dem bezeichneten Sachverhalt. Das Kind lernt das sprachliche Differenzieren, es reflektiert über seine Aussagen, trainiert sein Denken und erweitert seinen Wortschatz.

Ab viereinhalb Jahren

Ziel: Verschiedene Druckerzeugnisse kennen lernen und die wichtigsten Unterschiede feststellen können.

Richten Sie im Kinderzimmer mit einem Bücherregal eine kleine Literaturecke ein. Dazu können gehören:
– Bilderbücher,
– Kinderbücher,
– ein Kinderlexikon,
– Kinderzeitschriften,
– ggf. Kataloge zu einem Thema.

Sprechen Sie mit Ihrem Kind über die Unterschiede zwischen den einzelnen Druckerzeugnissen. Wählen Sie sich dazu ein bestimmtes Thema – etwa «Der Hafen». Sie sehen sich mit Ihrem Kind an, was darüber im Kinderlexikon steht, was das Erwachsenenlexikon unter diesem Stichwort enthält, ob auch in einer Kinderzeitschrift etwas über einen Hafen geschrieben wird oder ob vom Leben im Hafen vielleicht in einem der Bilder- oder Kinderbücher erzählt wird. Ihr Kind erkennt bald, wie unterschiedlich die einzelnen Informationen in Wort und Bild sind. Es erfährt auf diese Weise schon früh, wo man sich informieren kann. Ergänzen Sie die kleine Bibliothek systematisch.

Ziel: Erweitern des Wortschatzes, Verfeinern des Zuhörens, differenzierte Sprachmuster erfahren und Wissen speichern.

Suchen Sie für Ihr Kind in den Programmzeitschriften nicht nur Fernsehsendungen aus, sondern auch Informations- und Hörspielsendungen des Rundfunks. Hier muss das Kind intensiv zuhören. Seine Phantasie und seine Kreativität werden gefördert, da es sich selbst Bilder zum Gehörten vorstellt. Das bewusste Hören einer Sendung ist nützlich für seine Sprech- und

Sprachentwicklung. Sein Wortschatz wird erheblich vergrößert, und das Hören einwandfreier Umgangssprache erleichtert die Verständigung zwischen Kindern im Kindergarten – insbesondere mit ausländischen Kindern – und in der Schule.

■ Ziel: Komplexe Sachverhalte beschreiben und die Beziehung der Einzelteile zueinander und zum Gesamten erkennen.

Besuchen Sie mit Ihrem Kind so unterschiedliche Orte wie einen Sportplatz, einen Rummelplatz, einen Zirkus, eine Wertstoffsammel- oder Müllsammelstelle (mit Sortierung), einen Aussichtsturm, eine Anlegestelle für Schiffe, eine Straßenbahnhaltestelle, einen Flugplatz, einen Steinbruch, eine große Baustelle usw.

Sprechen Sie dann in den nächsten Tagen über folgende Fragen:
– Welche Funktion hat dieser Platz? (Was geschieht hier, welche Personen arbeiten hier, welche Gegenstände gehören zu diesem Ort? usw.)
– Welche Menschen benutzen den Platz, warum kommen sie her?
– Wer hat den Platz gebaut, wer betreut ihn, wie lange gibt es ihn?
– Was würde geschehen, wenn dieser Platz nicht vorhanden wäre? Ist er notwendig?

Regen Sie Ihr Kind dazu an, die einzelnen Aktionen vor Ort gut zu beobachten. Lassen Sie es dann zu Hause seine Eindrücke möglichst zusammenhängend schildern und ergänzen Sie partnerschaftlich (ohne zu schulmeistern) Einzelheiten, die es vergessen hat.

Wege zum logischen
und kreativen Denken

Grundlegende Anregungen

▣ Ziel: Informationen sammeln, eine eigene Meinung bilden, sie begründen, verteidigen oder gegebenenfalls ändern.

Geben Sie Ihrem Kind viel Gelegenheit, sich eine eigene Meinung zu bilden. Lassen Sie es selbst Entscheidungen fällen und beschränken Sie sich darauf, ihm sachliche Informationen zu geben, die ihm bei seinen Überlegungen und zur Entscheidungsfindung helfen.

Dafür ein Beispiel: Ihr Kind sagt in einem Spielwarengeschäft, dass es sich eine aufblasbare Schwimmente wünscht. Daheim hat es bereits zwei Aufblastiere, mit denen es selten spielt. Schlagen Sie ihm dann vor, sich seinen Wunsch noch einmal genau zu überlegen. «Du kannst die Schwimmente haben, wenn du willst. Aber sieh dir doch vorher auch die anderen Spielsachen hier an. Wir können bis zu … DM ausgeben. Dafür könntest du zum Beispiel auch folgende Dinge kaufen …» Zeigen Sie ihm Spielsachen, die preislich in Frage kommen. Dabei können Sie noch folgende weiterführende Fragen anbringen: «Ist etwas dabei, was du dir schon lange wünschst?», «Womit kannst du besonders gut spielen?», «Was passt gut zu deinen anderen Spielsachen?», «Willst du deinen Baukasten ergänzen?» usw.

So schaffen Sie eine gewisse Distanz zu dem anfangs gewünschten Gegenstand, Raum für weiteres Überlegen. Ihr Kind kann verschiedene Möglichkeiten vergleichen, gegeneinander abwägen und sich ein eigenes Urteil bilden. Geben Sie ihm zusätzlich Informationen über die Haltbarkeit, über die Spielmöglichkeiten usw.

Schildern Sie für jede Entscheidungsfindung die Vor- und Nachteile möglichst neutral. Und widersprechen Sie nicht, wenn Ihr Kind zum Schluss doch etwas möchte, was Ihnen nicht gefällt: Lassen Sie ihm oft Entscheidungs- und Handlungsfreiheit!

■ Ziel: Kreative Prozesse fortführen, Spielaktivitäten durch Anregungen bereichern und ungestört vollenden.

Kinder, die sich frei entfalten können und deren Kreativität von den Eltern gefördert wird, behalten und erweitern ihre natürliche Spontaneität und ihren Einfallsreichtum. Wichtig ist dabei zunächst, dass Sie als Eltern die Bedürfnisse, Wünsche und Interessen Ihres Kindes wirklich ernst nehmen. Dazu gehört auch, dass seine Spielaktivitäten möglichst wenig unterbrochen werden. Rufen Sie also zum Beispiel möglichst erst zum Essen, wenn eine interessante Spielphase abgeschlossen ist!

Sie fördern die Kreativität Ihres Kindes, wenn Sie ihm nach und nach neue Materialien geben. Es erprobt ihre Eigenqualität, es erfährt, wie sie sinnvoll in seinen Alltag einbezogen werden können. Auf diese Weise speichert es immer mehr Wissen über die Möglichkeiten

eines bestimmten Materials oder Gegenstands. Dosieren Sie Ihre Anregungen so, dass Ihr Kind einerseits alle Möglichkeiten eines Spiels bzw. einer Beschäftigung ausschöpfen kann und dass nicht Mangel an Material zu Langeweile führt, andererseits sollten Sie Ihr Kind auch nicht durch ein Zuviel des Guten irritieren.

Die Menge des angebotenen Spielzeugs ist ein wichtiges pädagogisches Thema: In der pädagogischen Diskussion um das Schlagwort «Spielzeugfreier Kindergarten» wird die Angebotsmenge von Spielzeug im Kindergarten sehr kritisch betrachtet. Wenn Kinder zu viel Angebote in ihrem Umfeld haben, trägt das dazu bei, dass die Eigeninitiative sinkt, das Kind wird abhängig von seiner Umgebung. Wissenschaftlich betrachtet wird ein Zusammenhang gesehen zwischen später an bestimmten Suchtformen erkrankten Menschen und der zu geringen Ich-Stabilität (eben weil die Ichstärke zu wenig gegeben ist). Mit weniger Material auszukommen und die eigene Kreativität zuzulassen und zu fördern, stabilisiert zu einem nicht geringen Anteil die sich entwickelnde Persönlichkeit.

Wichtig ist natürlich auch, dass Sie sich an den Beschäftigungen Ihres Kindes – ob mit viel oder wenig Spielzeug – beteiligen. Dadurch wird sein Spiel in seinen Augen aufgewertet, und Ihr Kind ist mit mehr Interesse und Hingabe bei der Sache.

Ab vier Jahren

Ziel: Gleiche und ähnliche Objekte unterscheiden, durch verbindende und umschließende Linien kennzeichnen und die jeweils wichtigen Merkmale erkennen.

Durch dieses Spiel soll Ihr Kind eine gewisse Übung darin bekommen, ein und dieselbe Sache unter verschiedenen Gesichtspunkten zu sehen.

Skizzieren Sie auf zwei Blättern jeweils in gleicher Anordnung drei Fichten, vier Apfelbäume und drei Sträucher. Dann sagen Sie: «Ein Fuchs schleicht an allen Fichten vorbei. Er vermeidet die Apfelbäume. Wie läuft er?» Ihr Kind zeichnet den Weg des Fuchses auf das erste Blatt in roter Farbe. Die nächsten Aufgaben lauten: «Ein Kind will von jedem Apfelbaum einen Apfel pflücken. Es geht nicht an den Fichten vorbei.» Und: «Ein Landwirt geht an allen Fichten und

Apfelbäumen vorbei, jedoch nicht an den Sträuchern.» Auch diese beiden Wege zeichnet Ihr Kind auf seinen Briefbogen, mit grüner und blauer Farbe. Malen Sie dann auf das zweite Blatt eine rote geschlossene Linie um die Fichten, eine grüne um die Apfelbäume. Auf das erste Blatt zeichnen Sie gemeinsam eine blaue geschlossene Linie um Fichten und Apfelbäume.

Fragen Sie Ihr Kind anschließend:
– Wer geht an den Fichten vorbei? (Der Fuchs und der Landwirt.)
– Wer geht nur an den Apfelbäumen vorbei, wer nur an den Fichten?
– Wer geht an allen Bäumen vorbei?
– Worin besteht in unserem Beispiel der Unterschied zwischen Fuchs und Kind?
– Was haben die Fichten gemeinsam? (Sie werden vom Fuchs besucht.)

Wenn Ihr Kind am Knobeln Spaß hatte, zeichnen Sie an anderen Tagen weitere Beispiele mit dieser Aufgabenstellung, zum Beispiel Ruderboote mit Jungen, Tretboote mit Mädchen und Motorboote mit Erwachsenen. Lassen Sie diesmal Ihr Kind Linien einzeichnen, die diejenigen Boote einkreisen, die zusammengehören. Wichtig ist, dass

Ihr Kind feststellt, dass man unter einem anderen Bezugspunkt jeweils andere Boote zusammenfassen kann: «alle Ruderboote», «alle Boote mit Mädchen», «alle Boote mit Kindern» (sitzen im Ruder- oder Tretboot).

Suchen Sie im folgenden halben Jahr noch drei ähnliche Beispiele (zum Beispiel Esswaren, Spielsachen mit verschiedenen Merkmalen, Kleidung und Personen).

■ Ziel: Unterschiedliche Eigenschaften an Objekten erkennen und systematisch vergleichen.

Uns Erwachsenen ist es selbstverständlich, dass auch verschiedene Objekte manche Eigenschaften gemeinsam haben können. Kinder erfahren diese Gemeinsamkeiten erst durch viele Beispiele und Vergleiche. Dazu dient dieses Spiel:

Zeichnen Sie eine kleine Übersicht nach dem folgenden Muster und füllen Sie sie mit Ihrem Kind nach und nach aus. Statt der Wörter können Sie auch Zeichnungen und Symbole einsetzen. Dann versteht Ihr Kind sie leichter – und außerdem sieht die Aufgabe bunter aus:

Lassen Sie Ihr Kind weitere Unterscheidungsmerkmale finden und sprechen Sie mit ihm darüber, ob sie wirklich zur Beschreibung geeignet sind.

Einige Merkmale lassen sich sicher nicht eindeutig zuordnen (oben mit «x/?» gekennzeichnet. Je nach dem Reifegrad oder der Zuchtsorte einer Frucht gibt es natürlich auch Unterschiede: Untersuchen Sie mit Ihrem Kind deshalb je eine Zitrone, Banane und einen Pfirsich ganz konkret. Nebenbei erfahren Sie so, dass Kinder Objekte in anderer Weise bewerten, als es Erwachsene tun. Suchen Sie noch mehrmals in diesem Jahr andere Beispiele für diese Art des Vergleichs und lassen Sie Ihr Kind dabei herausfinden:

– Welche Gemeinsamkeiten haben alle drei Objekte?
– Welche Gemeinsamkeiten hat das erste Objekt mit dem zweiten, welche mit dem dritten, welche Gemeinsamkeit hat das zweite mit dem dritten?
– Welche Eigenschaft hat nur das erste (zweite, dritte) Objekt?

◉ Ziel: Einfälle produzieren und auf Verwendbarkeit überprüfen.

Stellen Sie Ihrem Kind häufig solche Aufgaben: Womit kannst du malen, wenn du keine Malkreiden hast?

	Zitrone	Banane	Pfirsich
essbar	x	x	x
süß		x	x
sauer	x		
saftig	x		x
duftend	x	x	x
Gemüse			
Obst	x	x	x
dickschalig	x	x	
außen fest	x	x	x/?
innen weich		x	x/?
Kern(e)	x		x
groß	x	x	x
rundlich	x		x
lang		x	
gelblich	x	x	x/?
fault bald		x	x

Womit kannst du Papier schneiden, wenn du keine Schere hast? Womit kannst du auf den Tisch steigen, wenn kein Stuhl da ist? usw.
Und fragen Sie umgekehrt: Was kann man zum Beispiel alles mit einer Schere machen? (Schneiden, stechen, klopfen, etwas beschweren, kratzen, ritzen, einen Gummiring spannen usw.) Dabei lernt Ihr Kind ungewöhnliche Aspekte eines gewohnten Gegenstandes zu sehen. Lassen Sie es beobachten, dass dies durchaus praktische Vorteile bringen kann: Wenn Sie zum Beispiel

einmal keinen Kronenkorkenöffner finden, biegen Sie die einzelnen Metallfalten des Kronenkorkens mit einem Schraubenzieher auf usw.

🔲 Ziel: Die Wahrscheinlichkeit bestimmter Ereignisse einschätzen lernen; einige Beispiele für Wahrscheinlichkeiten beim Würfelspiel erfahren.

Besorgen Sie sich einen großen Würfel mit deutlichen Punkten. Damit machen Sie diese Würfelspiele:
– Sie würfeln abwechselnd. Bei einer Fünf oder Sechs gewinnen Sie, bei einer Eins, Zwei, Drei oder Vier Ihr Kind. Sicher gefällt Ihrem Kind das Spiel gut, denn es gewinnt häufig, im Durchschnitt bei vier von sechs Spielen. Legen Sie danach die Zahlen neu fest, die Chancen bleiben jedoch gleich verteilt: Jetzt gewinnen Sie also z. B. bei einer Eins oder Zwei, sonst Ihr Kind.
– Sie würfeln abwechselnd, Ihr Kind darf anfangen. Wenn es eine Eins, Vier oder Sechs würfelt, hat es gewonnen, bei Zwei, Drei oder Fünf gewinnen Sie. Sie verteilen zehn Chips: Wer gewinnt, bekommt einen Chip. Im Verlauf einer langen Spielserie werden Sie und Ihr Kind gleich häufig gewinnen.

– Sie spielen mit zwei Würfeln. Ihr Kind gewinnt, wenn einer der beiden Würfel eine Eins zeigt. Sie gewinnen, wenn beide Würfel dieselbe Zahl zeigen. Wieder wird Ihr Kind häufiger gewinnen als Sie.

Nach einiger Zeit können Sie Ihr Kind auch im Vorhinein schätzen lassen, wer gewinnen wird. Es merkt sicher bald, bei welchen Spielregeln es die größeren Gewinnchancen hat!

Nehmen Sie jetzt auch Begriffe wie «wahrscheinlich» verstärkt in Ihren alltäglichen Sprachgebrauch auf, und zwar mit dieser Abstufung: Ein bestimmtes Ereignis ist «ausgeschlossen», «unwahrscheinlich», «wenig wahrscheinlich», «genauso wahrscheinlich wie unwahrscheinlich», «eher wahrscheinlich», «wahrscheinlich» und «sicher».

🔲 Ziel: Die Zahlen bis sechs kennen lernen und auf Mengen anwenden.

In diesem Halbjahr kann Ihr Kind weitere Zahlen lernen. Die folgenden Beispiele gehen jeweils von Mengen aus, also Gruppen einzelner Objekte, die jeweils ein gemeinsames Kennzeichen besitzen und sich dadurch von anderen Mengen

unterscheiden, zum Beispiel die Objekte, die auf einem Tisch liegen, alle Kegel gleicher Farbe, alle Kegel in einer Schachtel, alle Objekte, die durch ein Band eingekreist sind, aus Holz sind, die man essen kann usw.

Diese Mengen haben also jeweils verschiedene Eigenschaften. Sie haben aber auch die Eigenschaft, zählbar zu sein, und darauf kommt es im Folgenden allein an.

Als Ergebnis des Zählens erhält man eine Zahl. Sie kann in Worten ausgedrückt werden, als Ziffer geschrieben sein oder durch Symbole wie zum Beispiel Striche dargestellt werden. Ihr Kind soll die verschiedenen Formen der Ergebnisdarstellung kennen und anwenden können.

In den folgenden Schritten können Sie Ihrem Kind die Zahlen bis sechs vertraut machen:

- Spielen Sie mit Ihrem Kind Domino. Benutzen Sie dazu eine möglichst große Ausführung mit den üblichen 28 Dominosteinen. Sagen Sie jeweils die Anzahl der Punkte, die auf dem Dominostein sind, den Sie gerade anlegen. Tippen Sie auch mit dem Finger auf diese Punkte. Wahrscheinlich wird Ihr Kind die Zahlen ebenfalls bald laut sagen. Machen Sie es besonders darauf aufmerksam, wenn ein Stein ins Spiel kommt, der auf beiden Hälften die gleiche Anzahl Punkte zeigt.
Wenn Ihr Kind die Anzahl auf den Dominosteinen sicher benennen kann, legen Sie mit den sieben Steinen, die auf einer Seite jeweils null Punkte zeigen, die Reihenfolge von null bis sechs. Dann lassen Sie Ihr Kind die Punkte zählen.

- Binden Sie aus einem blauen, roten und grünen Band je einen Ring von etwa 30 cm Durchmesser. Legen Sie die Ringe so auf den Tisch, dass sie sich nicht überschneiden. In jeden Ring kommen zwei Objekte, zum Beispiel zwei Äpfel, zwei Wäscheklammern und zwei Löffel.
Sie fragen Ihr Kind: «Was haben diese Mengen gemeinsam?» Antwort: «Es sind jeweils zwei, und es sind jeweils zwei gleiche Ob-

jekte.» Danach legen Sie jeweils vier gleiche Objekte in jeden Ring, dann drei, fünf und sechs.

- Legen Sie in jeden Ring verschiedene Objekte, aber jeweils insgesamt gleich viele. Ihr Kind soll nun erfahren, dass man nicht nur gleiche Objekte zählen kann, sondern auch verschiedene (ein Apfel und zwei Birnen sind drei Früchte bzw. drei Objekte).

- Legen Sie in jeden Ring eine andere Anzahl von Objekten, zuerst ein bis drei Stücke, dann vier bis sechs und zum Schluss willkürlich Anzahlen von null bis sechs.

- Zeigen Sie Ihrem Kind, wie man die Zahlen in Ziffern schreibt. Malen Sie die Ziffern von eins bis sechs auf je ein Stück Karton (etwa Postkartengröße), und lassen Sie Ihr Kind diese Karten dann in die Ringe mit der entsprechenden Anzahl von Objekten legen. Wiederholen Sie diese Aufgabe mehrmals – bis die Verbindung von Ziffer und Anzahl sicher beherrscht wird.

Ab viereinhalb Jahren

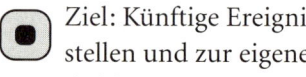 Ziel: Künftige Ereignisse vorstellen und zur eigenen Persönlichkeit in Beziehung setzen.

Sprechen Sie mit Ihrem Kind häufig

über Dinge, die sich vermutlich oder gewiss am nächsten Tag ereignen – ob ein Ausflug geplant ist, ob vielleicht seine Lieblingsspeise gekocht wird usw.

Überspringen Sie bei diesen Planungen gedanklich auch größere Zeiträume. Was wird in einer Woche geschehen, in einem Monat, in einem Jahr? Einige Zusatzangaben helfen Ihrem Kind, sich die Distanz zwischen Gegenwart und der angesprochenen Zukunft plastischer vorzustellen. Sagen Sie zum Beispiel «wenn der Winter vorbei ist», oder «wenn du so groß bist, wie dein Freund jetzt ist», oder «wenn du

einmal so alt bist wie wir Eltern» usw. Sie können auch an vergangene Ereignisse anknüpfen: «Im Urlaub waren wir am Meer. Bald ist wieder Sommer. Möchtest du noch mal dorthin fahren?»

⬛ Ziel: Über bisher übliche Spielbauten hinausgehen und größere Projekte realisieren.

Schauen Sie sich einmal das neueste Bauwerk Ihres Kindes an und fragen Sie, wo es sich befindet: in einer Stadt, auf der Wiese, in einem Haus usw. Schlagen Sie Ihrem Kind vor, diese weitere Umgebung nachzubilden. Vielleicht hat es Lust, einen großen Karton oder Packpapier entsprechend zu bemalen. Helfen Sie beim Bereitstellen des Materials und bei der Lösung des möglicherweise kniffligen Bastelproblems. An den folgenden Tagen regen Sie Ihr Kind an, das Projekt um weitere Details zu ergänzen. Im Laufe von vierzehn Tagen kann so eine große Anlage entstehen: vielleicht eine Stadt mit Straßen, Autos, Häusern, einer Fabrik, einem Sportplatz, einem Spielplatz usw.

Versuchen Sie, Ihr Kind noch drei- oder viermal in diesem Halbjahr für ein derartiges Projekt zu begeistern. Dabei sollten auch jeweils verschiedene Techniken bzw. Materialien angewendet und einbezogen werden: eigene, vorhandene Bausteine usw., Knete und Salzteig oder Ähnliches zum Modellieren, Naturprodukte, die im Freien gesammelt wurden; Materialien aus der Hobbywerkstatt wie Holz, Karton oder Draht.

■ Ziel: Oberbegriffe finden, die eine bestimmte Zusammenstellung von Gegenständen umfassen; nicht dazugehörige Gegenstände erkennen.

Als Oberbegriffe eignen sich zum Beispiel Bäume, Vögel, Tiere, Blumen, Getreide, Pflanzen, Lebewesen, Kleidung, Werkzeug, Papier, Druckerzeugnisse, Geräte, Maschinen, optische Geräte, Besteck, Geschirr, Möbel, Gebäude. Stellen Sie sich die folgenden Aufgaben:
– Zeichnen Sie einige Gegenstände, die zu einem bestimmten Oberbegriff gehören, zum Beispiel einen Stuhl, ein Bett, einen Schrank und einen Tisch. Ihr Kind soll den Oberbegriff «Möbel» finden. Oder: Legen Sie zum Beispiel mehrere Besteck- oder Werkzeugteile auf den Tisch; suchen Sie gleichartige Dinge in Ihrer Umgebung, etwa Schiffe am See (Ruderboot, Motorboot, Segelschiff usw.), und fragen Sie jeweils nach dem stimmigen Oberbegriff.
– Verdeutlichen Sie Ihrem Kind, dass bestimmte Oberbegriffe ihrerseits Oberbegriffe umschließen, zum Beispiel «Boote und Dampfer sind Schiffe»; «Pkw und Lastwagen sind Autos»; «Autos und Schiffe sind Verkehrsmittel».
– Legen Sie eine Sammlung von Papierarten auf den Tisch: Briefpapier, Toilettenpapier, Packpapier usw. und eine Klarsichtfolie. Fragen Sie Ihr Kind, welcher Gegenstand nicht dazugehört.

Übungen dieser Art fördern konzentriertes und systematisches

Denken. Ihr Kind wird sicherer und schneller zwischen falsch und richtig entscheiden können.

■ Ziel: Eine Regel erkennen und anwenden können, Fehler in der Regel finden.

Beginnen Sie diese Anregung mit dem Betrachten einiger Muster in Ihrer Wohnung (Tapetenmuster, Vorhangmuster, Teppichmuster usw.).
Erklären Sie Ihrem Kind an diesen Beispielen, was ein Muster überhaupt ist, dass sich bestimmte Elemente darin wiederholen usw.

Dann legen Sie selbst Muster aus verschiedenfarbigen Perlen, Bausteinen, Knöpfen oder ausgeschnittenen Kartonteilen, zum Beispiel das Muster ♣ ♦ ♣ ♦ ♣ ♦ …

Wenn Ihr Kind verstanden hat, wie das Grundmuster aussieht (♣ ♦) und wie es sich wiederholt, legen Sie schwierigere Muster, z. B.:
– ♦ ♦ ♣ ♦ ♦ ♣ ♦ ♦ ♣ …
– ♣ ♣ ♣ ♦ ♣ ♣ ♣ ♦ ♣ ♣ ♣ ♦
  ♣ ♣ ♣ ♦ ♣ ♣ ♣ ♦ …
– ♣ ♦ ♣ ♦ ♦ ♦ ♣ ♦ ♣ ♦ ♦
  ♦ ♣ ♦ ♣ ♦ ♦ ♦ ♣ ♦ …

Wenn Ihr Kind sicher im Erkennen dieser einfachen Grundmuster ist, entwickeln Sie Muster mit drei

oder dann auch vier verschiedenen Grundelementen in unterschiedlicher Häufigkeit.
Fädeln Sie aus einer größeren Anzahl von Perlen verschiedener Größe und Farbe Ketten mit regelmäßigem Muster auf. Wenn Ihr Kind an solchen Aufgaben Spaß hat, machen Sie auch Muster mit einem oder zwei Fehlern, die es finden soll; die Unregelmäßigkeit kann den optischen Reiz erhöhen.

Ähnliche Spiele können Sie auch mit gezeichneten, ausgeschnittenen Figuren durchführen.

 Ziel: Sicher bis zehn zählen.

Das Zählen bis zehn können Sie Ihrem Kind ebenso erklären wie vorher das Zählen von eins bis sechs. Regen Sie es häufig zum Zählen an. Es sollte sowohl reale Gegenstände (zum Beispiel Treppenstufen, Garderobenhaken, Knöpfe, Personen) zählen als auch gezeichnete Figuren und Symbole (Striche, Kreise, Quadrate usw.) malen und anschließend zählen.

■ Ziel: Die Zahlenreihe bis zehn sicher sprechen und sie verfügbar haben.

Manche Kinder können die Zahlen von eins bis zehn fließend aufsagen.

Aber wenn sie gefragt werden, welche Zahl vor oder nach sieben kommt, sind sie hilflos, denn sie haben die Zahlenreihe nur auswendig gelernt. Üben Sie deshalb mit Ihrem Kind das schnelle Auffinden der vorausgehenden bzw. nachfolgenden Zahl. Legen Sie auf einen Tisch zum Beispiel sieben Perlen und fragen Sie nach der Anzahl. Dann geben Sie eine weitere dazu: «Wie viele sind es jetzt?»

 Ziel: Fehler erkennen und nach Möglichkeit beseitigen.

Sicher kommt Ihr Kind gelegentlich zu Ihnen mit den Worten: «Sieh mal nach, das geht nicht!» Sie stellen dann zum Beispiel fest, dass der Deckel des Klebstoffglases nicht zu öffnen ist, weil er beim Zuschrauben nicht klebstofffrei war, dass der Klammeraffe nicht mehr funktioniert, weil keine Klammern mehr daran sind oder sich eine verklemmt hat usw.

Nehmen Sie alle diese Gelegenheiten wahr, Ihrem Kind die Fehlerursachen zu erklären. Bei geeigneter Fragestellung Ihrerseits findet es den Fehler vielleicht auch allein, unter Umständen geben Sie einen kleinen Hinweis. Wenn es mit der Beseitigung des Fehlers eilt – das wird meistens so sein –, sollten Sie die kurzen Erklärungen erst nachher geben. Ihr Kind hört sonst nur unaufmerksam zu.

Sie können aus der Fehlersuche auch ein interessantes Spiel machen: Zeichnen Sie zum Beispiel ein Auto auf ein Blatt Papier und lassen Sie dabei einige Details weg, etwa den Türgriff der vorderen Tür, einen Scheinwerfer oder Ähnliches. Ihr Kind soll dann die fehlenden Details finden und ergänzen. Aber auch Hindernisse können Sie zeichnerisch vorgeben. Am Auto zeichnen Sie zum Beispiel Bremsklötze vor und hinter das hintere Rad und fragen, warum das Auto nicht losfahren kann usw.

Reichhaltiges Grundwissen
erschließt die Umwelt

Grundlegende Anregungen

■ Ziel: Kinderbücher (Bilderbücher, Geschichtensammlungen, Kindersachbücher und Kinderlexika) als Informationsmittel kennen lernen und benutzen, dazu Fragen an die Eltern stellen und so die eigene Wissbegier befriedigen und weiterentwickeln.

Damit Ihr Kind schon früh lernt, woher man Wissen beziehen kann, sollten Sie ihm verschiedene Kinderbücher (und Bilderlexika, unter anderem einfache Kinderlexika) anbieten.
Wenn Ihr Kind ein Buch schon besser kennt, können Sie verschiedene weiterführende Anregungen geben, beispielsweise:

– Schlagen Sie gelegentlich Suchspiele vor, z. B.: «Wo sind die Schiffe zu finden?»
– Lassen Sie Ihr Kind sich eine bestimmte Seite wünschen, die aufgeschlagen werden soll, z. B. die Seite mit den Lieblingstieren.
– Vergleichen Sie verschiedene Kinderbücher, die von ähnlichen Dingen handeln, und finden Sie mit Ihrem Kind Unterschiede und Gemeinsamkeiten in Inhalt und Aufmachung.
– Zeigen Sie Beziehungen zwischen den Erfahrungen Ihres Kindes und den Inhalten von Kinderbüchern auf und überprüfen Sie mit ihm ausgewählte Texte an der Realität, z. B. die Erfahrungen bei Krankheit und Arztbesuch oder Erlebnisse mit Tieren.

Ab vier Jahren

■ Ziel: Den eigenen Körper und seine wichtigsten Funktionen kennen lernen; etwas über das eigene Ich erfahren.

Sprechen Sie mit Ihrem Kind über wichtige Funktionen seines Körpers und verwenden Sie dabei auch einige Begriffe, die es noch nicht kennt:

- Fangen Sie am besten mit dem Thema Ernährung an. Erklären Sie ihrem Kind, dass das richtige Essen mit der Auswahl der Nahrungsmittel beginnt. Sagen Sie ihm, warum man sich nicht längere Zeit hindurch einseitig ernähren darf und welche Bedeutung Getränke, Fett, Kohlenhydrate, Eiweiß, Vitamine und Spurenelemente haben.
Mit Zeichnungen können Sie ihm verdeutlichen, wie die Nahrung vom Mund durch die Speiseröhre, Magen und Darm bis zum Darmausgang befördert wird und welche Funktionen diese einzelnen Stationen haben. Zeigen Sie Ihrem Kind auch eine klare und einfache Darstellung im Lexikon.
- Sprechen Sie als Nächstes über den Bewegungsapparat des Menschen, über die Steuerung wichtiger Muskeln und Körperteile (Extremitäten). Machen Sie das Kind mit Hilfe einfacher Skizzen mit den Begriffen Beuger und Strecker bei den Muskeln vertraut.
- Erklären Sie ihm das Atemsystem und den Blutkreislauf im Zusammenhang. Sagen Sie, dass das Blut das Transportmittel für viele Stoffe ist, dass es sowohl frische Stoffe an alle Stellen des Körpers bringt als auch die verbrauchten Stoffe abtransportiert. Erklären Sie, dass der eingeatmete Sauerstoff bei der Verbrennung gebraucht wird usw. Lassen Sie es auch seinen Pulsschlag am Handgelenk und seinen Herzschlag an der Brust fühlen.
- Ausführlichere Informationen zur Sexualerziehung finden Sie im Kapitel «Erziehungsaufgaben im fünften Lebensjahr», ab S. 70.
- Begründen Sie in einem Gespräch über das Älterwerden die Wichtigkeit der richtigen Ernährung (Zellerneuerung, Versorgung der Zellen als den Trägern aller Körperfunktionen) und der Körperpflege als einer Schutzmaßnahme gegen Krankheiten. Sie können in diesem Zusammenhang auch zum Vergleich über Lebensbedingungen in unterentwickelten Ländern sprechen, wo Kinder und Erwachsene unter Nahrungsmangel und dadurch bedingte Krankheiten leiden. (Das Sprechen darüber rechtfertigt sich nicht nur aufgrund einer allgemeinen Humanitätsperspektive, sondern auch aufgrund der Tatsache, dass der Reichtum der Industrieländer auch auf der Ausbeutung der Länder der Dritten Welt beruht.)

■ Ziel: Die Trennung von Arbeit und Freizeit und den Prozess der Arbeitsteilung verstehen; Zeiteinteilung für Arbeit und Freizeit ansprechen; Aspekte der Freizeitgestaltung begreifen.

Eine schwierige Aufgabe innerhalb des vorschulischen Lernens ist es, dem Kind erste Einsichten in die bestehende Gesellschaftsordnung (Industrienation) zu vermitteln. Täglich erlebt es, wie Vater oder Mutter oder beide das Haus verlassen, um zu arbeiten.
Wie diese Arbeit aussieht und warum Eltern dann abends oft

müde, missmutig oder gereizt sind, kann es sich kaum vorstellen. Eltern sollten deshalb ihr Kind ausführlich über die eigene Arbeit informieren. Das Beste ist es natürlich, wenn Sie Ihrem Kind Ihren Arbeitsplatz zeigen können. Verdeutlichen Sie ihm mit Hilfe von Fotos oder Zeichnungen wichtige Arbeitsvorgänge.

Genauso ausführlich sollte aber auch bei Gelegenheit über die Freizeit und ihre Gestaltungsmöglichkeiten gesprochen werden. Das Kind soll erkennen, dass dazu ein gewisses Repertoire an Fähigkeiten und Neigungen gehört, dass die

Freizeitgestaltung aber auch von bestimmten Rahmenbedingungen abhängig ist: Koordination der Freizeit mehrerer Familienmitglieder, verfügbarer (Hobby-)Raum, finanzielle Mittel usw. Verständnis für diese Zusammenhänge erreichen Sie am besten, indem Sie gelegentlich Ihre Freizeit unter bewusster Thematisierung dieser Aspekte planen.

Erweitern Sie das Wissen Ihres Kindes im zweiten Halbjahr systematisch in zwei Richtungen: Erläutern Sie die Arbeitsbereiche von vier bis sechs Personen aus Ihrer Bekanntschaft und sprechen Sie mit Ihrem Kind darüber, wie diese Erwachsenen ihre Freizeit verbringen. Unterscheiden Sie dabei zwischen Arbeitswoche, Wochenende und Urlaub. Sie können diese Erläuterungen in Form eines Rätsels anbringen und dadurch aufmerksames Zuhören erreichen: Sie sprechen immer von Herrn XYZ oder von Frau Unbekannt o. Ä., beschreiben deren Tätigkeiten während eines Tages und fragen dann: «Weißt du, von wem ich erzählt habe?»

Ziel: Die wesentlichen Merkmale und Eigenschaften der Wohnung kennen lernen und in Spiele umsetzen; Gestaltungsfähigkeit und Flexibilität entwickeln.

Sprechen Sie gelegentlich über Ihre Wohnsituation, und zwar unter folgenden Gesichtspunkten:
- Wie ist die Wohnung / das Haus aufgeteilt? Wie werden die einzelnen Räume genutzt?
- Welche Räume werden nur von bestimmten Personen oder zu bestimmten Zeiten benutzt?

Zeichnen Sie einen großen Grundriss der Wohnung (etwa ein Quadratmeter Grundfläche), tragen Sie Möbel ein und schneiden Sie die Familienmitglieder als etwa zehn Zentimeter große Umrissfiguren aus Karton aus.
- Sie können mit diesem Modell den Familienalltag nachspielen: Wohin gehen die Personen nach dem Frühstück, welche Räume werden während des Tages benutzt? An diesem Spiel können sich alle Familienmitglieder beteiligen, indem sie jeweils ihre eigene Figur steuern.
- Sie können auf dem Grundriss auch Umzug in der Wohnung spielen: Dafür zeichnen Sie die Möbel auf Karton im Größenverhältnis zum Grundriss und

schneiden sie aus. Ihr Kind richtet die Wohnung dann einmal ganz nach seinen eigenen Wünschen ein.

– Begründen Sie, warum Sie die Wohnung so eingerichtet haben, wie sie jetzt ist. Vielleicht findet Ihr Kind in diesem Spiel eine neue Raumaufteilung für sein Zimmer, die sich realisieren lässt!

Geben Sie noch weitere Anregungen zum Thema Wohnung und Einrichtung:

– Wozu werden die Einrichtungsgegenstände gebraucht? Dieses Thema können Sie in einem Fragespiel behandeln. Das Kind nennt zum Beispiel einen Gegenstand aus der Küche. Sie fragen: «Was wäre, wenn wir diesen Gegenstand nicht hätten?», «Was wäre, wenn er viel größer (kleiner) wäre?», «Könnte er auch in einem anderen Raum stehen?» usw.

– Welche besonderen Vorzüge und Nachteile besitzt unsere Wohnung: Nähe zu Läden, Freunden, Schulen / Kindergärten, Arbeitsplatz; Entfernung zu Naturgebieten und zu Wohn-/Geschäftszentren; Zugang zu Balkon, Terrasse, Garten; Aussicht, Helligkeit, Ruhe usw.

 Ziel: Persönliche Daten kennen (Teil der Ich-Identität) und sich in der Wohngegend sicher orientieren.

Das sollte Ihr Kind wissen: seinen Nachnamen, möglichst alle Vornamen, Wohnort, Stadtteil, Straße und Hausnummer (Stockwerk), Nachname und Vorname der Eltern, Telefonnummer der Eltern oder einer benachbarten Familie, eventuell Geburtstag (Tag, Monat, Jahr).

Lassen Sie sich gelegentlich bei Spaziergängen auf dem Rückweg von Ihrem Kind nach Hause führen: Ihr Kind geht voraus und sagt auch, wann eine Straße gefahrlos überquert werden kann (also zugleich Übung des richtigen Verkehrsverhaltens).
Wählen Sie für jeden Versuch einen anderen Startpunkt. Nach einiger Zeit probieren Sie, ob Ihr Kind Sie auch bei Dunkelheit sicher nach Hause führen kann.
Wenn Sie wahrnehmen, dass sich Ihr Kind gut orientieren kann und dass es selbstsicher ist, erklären Sie ihm in diesem Zusammenhang

auch, was es tun soll, wenn es sich einmal verirrt oder in einer Menschenmenge verloren geht: im Kaufhaus sich an das Verkaufspersonal wenden, im nächstgelegenen Geschäft um Rat fragen, auf einem Rummelplatz Ordner ansprechen, auf der Straße eine Gruppe von Erwachsenen um Hilfe bitten – selten wird ja zufällig ein Polizist in der Nähe sein. Wenn Ihr Kind schon in Telefonzellen telefonieren kann, sollte es immer für Notfälle eine Telefonkarte (mit nicht zu hohem Restwert) und Telefongroschen dabeihaben. Bei einem Besuch auf einem Rummelplatz, im Kaufhaus o. Ä. können Sie ihm zusätzlich ein Kärtchen mit Ihrer Handy-/Telefonnummer bzw. Wohnadresse mitgeben.

 Ziel: Die weitere Umgebung bei Ausflügen kennen lernen.

Am Wochenende und während des Urlaubs kann Ihr Kind neue Landstriche kennen lernen und dabei wichtige Entwicklungsanregungen erhalten. Sprechen Sie möglichst vorher über die angesteuerten Ziele. Bei Spaziergängen und längeren Wanderungen setzen Sie viele kleine Zwischenziele, damit der Weg interessant wird: einen Hochsitz, Pferde auf einer Weide, einen Bach usw. Für Ihre Ausflüge in die nähere

Umgebung können Sie sich eine Landkarte (Maßstab 1:25000) kaufen und Ihre Touren anhand dieser Landkarte auf einem großen Bogen Papier an der Pinnwand des Kinderzimmers festhalten: jeden Ausflug mit anderen Farben. Gliedern Sie Ihre Ausflüge ab und zu nach folgenden Aspekten:

– Thema Wasser: Besuchen Sie hintereinander je nach den Möglichkeiten einen Fluss, einen See, einen Weiher, einen Kanal, die Küste, Wasserreservoir Ihrer Gemeinde usw.

– Thema Bauvorhaben: Besichtigen Sie verschiedene Bauprojekte in Ihrer Umgebung (Wohnungsbau, Straßenbau, Bau eines Bürohauses usw.).

– Thema Feldfrüchte: Suchen Sie Felder auf, wo die verschiedensten Kornsorten und Feldfrüchte angebaut werden, wie Roggen,

Weizen, Gerste, Hafer, Mais, Raps, Kartoffeln, Rüben usw., und nehmen Sie sich kleine Proben davon mit nach Hause.

● Ziel: Besondere Veranstaltungen und öffentliche Einrichtungen besuchen.

Besuchen Sie mit Ihrem Kind im Laufe des Jahres verschiedene Veranstaltungen in Ihrer Stadt oder Gemeinde, die sich speziell an Kinder wenden: Kaspertheater, Marionettentheater, Theaterstücke für Kinder, Zirkus, Jahrmarkt, Kinderfilme im Kino, Ausstellungen. Wenn Sie anschließend über den Inhalt sprechen und vielleicht sogar Dinge nachspielen, vertieft Ihr Kind sein Erlebnis und erhält Anregungen für kreative Aktivitäten.

● Ziel: Verhalten im Verkehr einüben, Zusammenhänge verstehen und sich danach richten.

Setzen Sie die bereits im vergangenen Jahr begonnene Verkehrserziehung intensiv fort. Benutzen Sie in Gegenwart des Kindes nur sichere Verkehrswege für Fußgänger (Gehwege, Fußgängerüberwege usw.). Sprechen Sie mit Ihrem Kind mehrmals darüber, warum die verschiedenen Fahrzeuge (Lastwagen, Lieferwagen, Personenwagen, Busse

usw.) auf der Straße es möglicherweise stets so eilig haben. Über diese Informationen erhält es ein gewisses Verständnis für die Zusammenhänge des Verkehrsgeschehens. Daneben sollte Ihr Kind in diesem Jahr die wichtigsten Verkehrszeichen für Fußgänger kennen lernen. Lassen Sie es schätzen, wie lange ein Auto benötigt, bis es eine bestimmte Strecke zurückgelegt hat. Dafür ein Beispiel: 100 m entfernt steht eine Telefonzelle. Sie zählen die Sekunden, die ein Auto von der Telefonzelle bis zu Ihnen braucht. Wenn ein zweites Auto bei der Zelle ist, nennen Sie eine Zahl – Ihre Schätzung je nach Geschwindigkeit des Autos, dann beginnen Sie zu zählen. Stimmen Ihre Schätzungen (und die Sekundenzahl)? Ihr Kind macht dieses Spiel sicher mehrmals begeistert mit. So bekommt es ein Gefühl dafür, die Geschwindigkeit herannahender Autos besser einzuschätzen. Beim Überqueren muss auch immer ein Sicherheitspolster dabei sein.

● Ziel: Die wichtigsten Bestandteile einer Pflanze kennen und sie bei verschiedenen Pflanzen zeigen können; Pflanzenwachstum beobachten.

Wenn Sie Zugang zu einem Garten haben, können Sie die folgende

Anregung leicht verwirklichen. Kennzeichnen Sie im Frühjahr fünf verschiedene Pflanzen durch einen kleinen Stab mit einem Namensschild. Alle acht Tage betrachten Sie mit Ihrem Kind die Veränderungen: neue Triebe, Blätter, Blüten, schließlich auch Früchte und Samen.

Es kommt dabei vor allem auf den Vergleich zwischen den verschiedenen Pflanzen an, sonst bemerkt Ihr Kind die Unterschiede kaum. Nennen und zeigen Sie immer wieder die verschiedenen Bezeichnungen für einzelne Teile der Pflanze (Stängel, Zweige, Äste, Blätter, Blüten, Blütenblätter, Staubgefäße, Stempel, Früchte) und verdeutlichen Sie Ihrem Kind die Aufgaben der verschiedenen Pflanzenteile.

Ab viereinhalb Jahren

■ Ziel: Unterschiedliche Verwendung von einzelnen Materialien, ausgewählte physikalische Erscheinungen kennen lernen.

Helfen Sie Ihrem Kind, durch Beobachtungen und kleine Experimente verschiedene Eigenschaften von Holz, Glas und Licht zu erfahren.

– Machen Sie einen Rundgang durch Ihre Wohnung und suchen Sie Holz. Ihr Kind klopft zum Beispiel an alle Dinge, die aus Holz sind. Machen Sie es auch bei anderen Gelegenheiten auf hölzerne Gegenstände aufmerksam. Erklären Sie ihm, warum in den einzelnen Fällen Holz verwendet wurde, wegen der Tragfähigkeit, Stabilität, weil es preisgünstig ist, wegen seiner Schwimmfähigkeit usw.

Zeigen Sie in kleinen Experimenten die Brennbarkeit von verschiedenen Holzarten oder die Schwimmfähigkeit im Vergleich zu Styropor und Eisen. Um die Eigenschaft von Holz zu quellen im Vergleich zu Metall zu zeigen, müssen Sie ein trockenes Rundholz in einen Flaschenhals stecken, das ringsum dicht anschließt. Wenn Sie das Holz nun mehrmals nass machen, sprengt es das Glas. Bei einem knapp eingepassten Rundstab aus Metall passiert dagegen nichts.

– Zum Thema Glas machen Sie einen ähnlichen Rundgang wie beim Holz und lassen Sie Ihr Kind ebenso die Eigenschaften von Glas durch Versuche und Vergleiche feststellen: seine Durchsichtigkeit, Wasserundurchlässigkeit, Reinigungsvorteile, Hitzebeständigkeit, Sprödigkeit (Glas zerspringen lassen), Wärmeisolierung, Tönung durch Farben, Beständigkeit.

– Über das Licht weiß Ihr Kind gewiss bereits, dass die Sonne unsere wichtigste Lichtquelle ist. Wenn Sie einen Raum ganz langsam verdunkeln, erfährt es die Veränderungen der Farben bei zunehmender Dunkelheit bis zur Unsichtbarkeit. Es erlebt dabei auch die Anpassung des Auges an unterschiedliche Helligkeitsstufen. Ein anderes Mal dunkeln Sie sehr rasch ab – nun kann das Kind erleben, dass sich sein Auge nur langsam an diese Dunkelheit gewöhnt und erst nach und nach etwas zu sehen beginnt.
Zeigen Sie ihm, dass wir Licht künstlich erzeugen können durch Abbrennen einer Kerze, durch ein Holz- oder Papierfeuer, durch Glühen eines Metalldrahts (meist Wolfram) in der Glühbirne. Suchen Sie besondere Lichtquellen auf, zum Beispiel Taschenlampe, Lichter am Fernseh- oder Rundfunkgerät, Signalleuchten im Auto, Blitz, Mondlicht, Licht beim Schweißen (Vorsicht, Verblitzungsgefahr!). Erproben Sie ferner die Lenkbarkeit des Lichts durch Spiegel und die unterschiedlichen Helligkeitsgrade einer Lichtquelle.

■ Ziel: Einige Orte und Länder auf einem Globus zeigen können und den Tag- und Nachtwechsel verstehen; eine große Landkarte der Bundesrepublik Deutschland ansehen.

Zeigen Sie Ihrem Kind nach und nach auf einem möglichst großen Globus die verschiedenen Erdteile, Nord- und Südpol sowie Europa und die äußeren Grenzen der Bundesrepublik Deutschland. Veranstalten Sie kleine geographische Quizspiele, bei denen Sie oder Ihr Kind auf dem Globus ein bestimmtes Land, einen Kontinent usw. mit dem Finger bereisen. Auf einer Karte der Bundesrepublik Deutschland zeigen Sie Ihren eigenen Wohnort, die nächsten Ihrem Kind bekannten Städte, die Wohnorte der Verwandten sowie einige größere Städte, dazu die sechzehn Länder der Bundesrepublik Deutschland.

Sicher interessiert es sich auch für eine «Tag und Nacht»-Demonstration: Verdunkeln Sie den Raum und leuchten Sie mit einer punktstrahlenden Taschenlampe (der Sonne) auf den Globus (die Erde). Die eine Hälfte der Erde wird dann im Schatten liegen (Nacht), die andere der Sonne zugewandt sein.

Bei diesem Thema sollten Sie die verschiedenen Anregungen auf mehrere Tage verteilen und sich vorher die notwendigen Informationen und Materialien besorgen. Viel Spaß wird Ihrem Kind machen, wenn Sie auf einer großen Landkarte eine weite Reise mit dem Zug (eine Mini-Lokomotive) von Stadt zu Stadt machen und dazu bei jeder Station kurz über eine besondere Sehenswürdigkeit, ein Merkmal oder eine historische oder lustige Begebenheit berichten können.

 Ziel: Kenntnisse aus verschiedenen Wissensbereichen im Gedächtnis behalten.

Sie können jetzt kleine Quizspiele veranstalten. Wählen Sie aus mehreren Bereichen jeweils zwei bis drei Fragen aus, die Ihr Kind rasch beantworten soll. Eventuell können Sie ihm auch drei Antworten zur Auswahl geben, das ist etwas leichter. Ein zusätzlicher Anreiz ist, wenn Sie 20 Spielchips auf den Tisch legen und sagen: «Für jede richtige Antwort bekommst du einen Chip!» Stellen Sie die Fragen möglichst so, dass Ihr Kind wenigstens 17 Chips bekommt!

Ziel: Einen Selbstbedienungsladen genauer kennen lernen.

Lassen Sie Ihr Kind beim Einkaufen etwas hinter die Kulissen blicken. Fragen Sie es, warum man eigentlich mit Geld bezahlen muss und ob auch andere Dinge als Zahlungsmittel möglich sind. Sprechen Sie mit ihm über die Preise verschiedener Waren. Wonach richten sie sich?

Schauen Sie zu, wie aus einem Lieferwagen verschiedene Waren für das Geschäft ausgeladen werden. Erklären Sie, dass auch diese Waren vom Geschäft gekauft werden müssen, welche Unkosten mit ihnen verbunden sind (Transportkosten, Herstellungskosten, Steuer usw.).

Wenn Ihr Kind sich sehr für diese Themen interessiert, können Sie auch einmal einen großen Warenbaum aufzeichnen: Der Stamm stellt dabei die Ware dar, die Sie im Laden kaufen. Die Äste sind die einzelnen Bestandteile, die, nacheinander verarbeitet, diese Ware ergeben. Eine Kekspackung wird zum Beispiel bei der Herstellerfirma aus dem Backprodukt und der Verpackung zusammengestellt; das Backprodukt entsteht aus den Lieferungen anderer Hersteller (Getreidemühle, Backpulverhersteller, Molkerei usw.). Die Verpackung

kommt aus speziellen Betrieben, die ihrerseits Kartonagen aus einer Papierfabrik beziehen usw.

Ziel: Zusammenhänge kennen lernen, Netzwerk-Wissen erwerben.

Versuchen Sie, in den nächsten Wochen einen kleinen Handwerksbetrieb zu besichtigen, in dem etwas hergestellt wird, eine Bäckerei, Konditorei, Tischlerei, Schneiderei, Druckerei oder einen Bauernhof usw.
Dann geht es darum, die folgenden Fragen zu stellen und zu beantworten:

– Was wird hergestellt?
– Handelt es sich um ein Endprodukt, oder werden die Güter noch weiter verarbeitet? Welche Teile werden vorgefertigt?
– Wozu wird das Produkt benötigt?
– Wer benötigt das Produkt?
– Welche Materialien werden dazu verwendet? Sind diese Materialien umweltfreundlich?
– Welche Werkzeuge und Maschinen werden bei der Herstellung verwendet?
– Wer ist mit der Herstellung des Produkts beschäftigt?
– Wie kommt das Produkt zu demjenigen, der es benötigt?

- Wie lange ist das Produkt verwendbar?
- Wie wird das Produkt später entsorgt werden?
- Wozu brauchen wir es: Ist es notwendig, sehr wünschenswert, angenehm oder eigentlich überflüssig?
- Gibt es eine bessere Alternative für das Produkt?

Es wäre schön, wenn Ihr Kind von der Besichtigung eine (materielle) Erinnerung mit nach Hause nehmen könnte. Die verschiedenen Fragen und Antworten sind für Ihr Kind interessanter, wenn sie in ein Gespräch eingebracht werden, also nicht einfach hintereinander folgen. Wenn Sie einige Fotos machen, können Sie im Anschluss mit Ihrem Kind ein eigenes Buch herstellen: Die Bilder werden eingeklebt, mit einem kleinen Text versehen und durch Zeichnungen Ihres Kindes ergänzt.

■ Ziel: Tiere beobachten, um mehr über ihre Lebensgewohnheiten zu erfahren.

Beobachten Sie von nun an ein Jahr lang drei bestimmte Tiere (zum Beispiel Spatzen, Stare, Kuh, Igel). Wo leben diese Tiere? Wovon ernähren sie sich? Wann haben sie Junge? Wie und wo überwintern sie? Für diese und weitere Fragen können Sie sich eine große Tabelle mit vier Spalten für Frühling, Sommer, Herbst und Winter anlegen und im Verlauf des Jahres gemeinsam alle Beobachtungen an den einzelnen Tieren in Form von Zeichnungen eintragen.

Musikalität erwirbt das Kind über differenziertes Hören

Grundlegende Anregungen

 Ziel: Kennenlernen von Liedern.

Nehmen Sie sich Zeit, um mit Ihrem Kind Lieder zu singen. Geeignete Sammlungen von Liedern und Texten finden Sie in jeder größeren Buchhandlung, in einem Musikalien-Fachgeschäft oder in der Bibliothek einer Volkshochschule – möglicherweise auch als Kassette, die für Sie und Ihr Kind eine Hilfe sein kann. Schließlich können Sie auch eine Erzieherin im Kindergarten oder eine Lehrerin einer Grundschule nach einem geeigneten zeitgemäßen Liederbuch fragen.

Beim Singen werden verschiedene Anregungen in einem sinnvollen Zusammenhang angeboten: Hören, Melodien kennen lernen, Töne treffen, gemeinsam Singen, Texte einprägen und merken, Artikulieren,

Bezug zwischen Tagesablauf und Lied herstellen (Lied zum Thema Essen, während Sie gemeinsam kochen; Lied zum Thema Tiere bei der Fahrt in den Tierpark oder bei einem Ausflug usw.).

Singen Sie zunächst einmal für sich allein, ohne Zuhörer, wenn Sie meinen, bei dieser Anregung für Ihr Kind eine größere Hürde überspringen zu müssen. Singen und auch etwas besser singen ist größtenteils eine Sache des Selbstvertrauens und von etwas Übung. Vielleicht ist für Sie die Erfahrung eine Hilfe, dass Kinder gern singen, unter anderem wegen ihres natürlichen Gefühls für Rhythmik. Scheuen Sie sich auch nicht, Schlager in das Repertoire aufzunehmen: Wahrscheinlich ist es besser, Sie singen zweimal einen aktuellen und musikalisch reizvollen Schlager als nur einmal ein tristes Lied.

Wenn Ihr Kind im Kindergarten Lieder lernt, sollten Sie diese auch gelegentlich zu Hause singen: Die

Erzieherin kopiert Ihnen sicher Noten und Text.

⬛ Ziel: Die Hörfähigkeit des Kindes gezielt anregen und steigern.

Jede verbesserte Darbietung eines Musikstücks setzt unter anderem ein feines Gehör voraus. Nur so können Fehler erkannt und vermieden werden. Erst der genaue Vergleich zwischen dem erstrebten Vorbild und der tatsächlichen Darbietung ermöglicht es, sich von Mal zu Mal zu verbessern. Diese Tatsache wurde früher bei der Musikerziehung von Kindern zu wenig be-achtet. Man ging davon aus, dass das genaue Hören selbstverständlich sei. Die folgenden Anregungen helfen, die Hörfähigkeit Ihres Kindes wesentlich zu verbessern:

– Wiederfinden des angeschlagenen Tons auf einem Glockenspiel: Schlagen Sie einen Ton auf einem Glockenspiel an, ohne dass Ihr Kind zusieht. Anschließend soll es ihn herausfinden. Es darf dabei ruhig verschiedene Töne durchprobieren. Später können Sie auch zwei Töne hintereinander schlagen, wobei der erste immer der gleiche ist (ein Ton, den Ihr Kind schon gut kennt, zum Beispiel c, f oder a).

– Schlagen Sie einen Ton wiederholt an und bitten Sie Ihr Kind, ihn nachzusingen, etwa auf die Laute «mo», «no», «la» oder «bi». Lassen Sie es ausprobieren, ob es den gewünschten Ton besser trifft, wenn es laut oder wenn es leise singt. Beginnen Sie mit einem Ton, den es entsprechend seiner Stimmlage leicht singen kann.
– Bringen Sie bei diesen Hörübungen höchstens fünf Beispiele hintereinander, sonst verliert Ihr Kind die Freude daran. Zur Abwechslung schlägt es auch selbst Töne an, die Sie nachsingen, wobei Sie gelegentlich auch falsch singen können! – Ihr Kind sollte das selbst bemerken!

Ab vier Jahren

■ Ziel: Unterscheiden von verschiedenen Geräuschen und Zuordnen zu einer Klangquelle.

Für diese Übung brauchen Sie ein Tonbandgerät. Damit sammeln Sie und Ihr Kind möglichst viele Geräusche und Töne (zehn Sekunden Aufnahme – fünf Sekunden Pause). Schreiben Sie sich vorsichtshalber die jeweiligen Geräuschquellen auf. Später hören Sie das Tonband gemeinsam ab und versuchen die Klangquellen zu erraten.

Die Geräuschesammlung können Sie natürlich beliebig erweitern. Hier einige Vorschläge dafür:
– Geräusche von Autos, Mopeds, Straßenbahn (Bremsen, Anfahren, Hupen);
– Geräusche bei Bewegungen (Rennen, Treppensteigen, Tanzen);
– Haushaltsgeräte in Betrieb;
– verschiedene Musikinstrumente, gesungene und gespielte Liedanfänge usw.

■ Ziel: Verschiedene Instrumente kennen lernen und sich ihre besondere Klangart einprägen.

Sorgen Sie dafür, dass Ihr Kind mehrere Instrumente kennen lernt. Bitten Sie zum Beispiel musikalisch aktive Bekannte bei einem Besuch, etwas vorzuspielen. Ermuntern Sie sie dazu, auch wenn sie angeblich gar keine Übung mehr darin haben. Es genügt, wenn Ihr Kind wenigstens eine einfache Melodie auf einem Instrument hört und wenn es das Instrument in die Hand nehmen und selbst einige Töne damit produzieren darf.

Von Volkshochschulen oder Musik-schulen werden gelegentlich Zwei- bis Dreitagekurse angeboten, in denen Sie mit Ihrem Kind ein In-strument bauen können. Damit er-reichen Sie vermutlich ein hohes Interesse Ihres Kindes an diesem In-strument, an dessen Entstehung es mitgewirkt hat, und auch für Sie kann ein derartiger Kurs zu einem überraschenden Erlebnis werden, das ganz neue Impulse gibt.

Auch unabhängig von einem derar-tigen Kurs können Sie selbst Musik-instrumente entwickeln und bauen. Anregungen dazu geben die Ihnen bekannten Instrumente:

– Hohlkörper verschiedener Größe und aus verschiedenen Materia-lien können leer sein oder mit Materialien gefüllt werden und mit einem Schlägel geschlagen, mit dem Handballen oder Fin-gern betupft, mit den Fingernä-geln gekratzt werden usw.
– Über einen Hohlkörper spannen Sie eine Saite (z. B. eine der drei höchsten Saiten einer Gitarre), die mit einem Bogen gestrichen oder gezupft wird.
– Ein Blasinstrument können Sie ebenfalls entwickeln: Allerdings ist das Herstellen eines Labiums (vgl. bei der Blockflöte oder bei einer Orgelpfeife) keine ganz ein-fache Aufgabe.

Ab viereinhalb Jahren

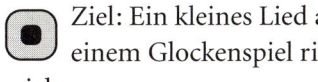 Ziel: Ein kleines Lied auf einem Glockenspiel richtig spielen.

Auf einem Glockenspiel, zum Bei-spiel einem Xylophon oder einem Metallophon, kann Ihr Kind jetzt schon einfache Lieder lernen, wie etwa «Hänschen klein» oder «Alle meine Entchen». Auch ein Blasin-strument wie die Clarina eignet sich dazu.

Spielen Sie Ihrem Kind jeweils einen kurzen Abschnitt vor und lassen Sie es die Melodie dann selbst nachspielen. So lernt es Abschnitt für Abschnitt hinzu und versucht dann, das ganze Lied zusammen-hängend zu spielen. Sie können ihm anfangs dabei (locker-sensibel) die Hand führen. Diese Vorübungen er-leichtern ihm den Zugang zum Mu-sizieren.

Lassen Sie Ihr Kind auf dem Instru-ment experimentieren, wie der Kuckuck ruft oder wie sein eigener Name klingt. Denken Sie sich mehrsilbige Worte aus, die Ihr Kind vertonen könnte: zum Beispiel Himbeereis oder Suppenlöffel usw. Dabei wird es nicht nur mit dem Instrument vertraut, sondern lernt auch, sich kurze Abfolgen zu mer-ken und sie auszuführen.

■ Ziel: Frei erfundene Tonfolgen in Bewegungen um-
setzen.

Bei dieser Übung improvisiert (erfindet) Ihr Kind auf dem Glockenspiel, und Sie selbst machen Bewegungen dazu. Bei hohen Tönen gehen Sie zum Beispiel mit erhobenen
Armen und auf Zehenspitzen. Bei
tiefen Tönen bücken Sie sich und
bewegen sich schwerfällig vorwärts.
Das Tempo Ihrer Schritte passen
Sie jeweils dem Tempo der Musik
an. Danach tauschen Sie die Rollen – jetzt bewegt sich das Kind im
Rhythmus und im Charakter Ihrer
Tonfolgen. Wechseln Sie mehrmals
miteinander und wiederholen Sie

das Spiel an anderen Tagen. Nach
einiger Zeit können Sie einzelne
Tonfolgen miteinander verabreden,
bei denen ganz bestimmte Bewegungen zu machen sind. Wenn
diese Tonfolgen in einer sonst frei
erfundenen Melodie vorkommen,
muss also der zugeordnete Bewegungsablauf erfolgen.

Im Laufe der Zeit können Sie so ein
Regelsystem festlegen, das aus acht
bis 15 Ton- und Bewegungspaaren
besteht. Dieses Ton-Alphabet können Sie bzw. Ihr Kind auch zeichnerisch festhalten – das ist eine Hilfe
fürs Einprägen. Die Anregung bietet
eine intensive Hörschulung, weil die
jeweilige Tonfolge sofort erkannt
werden muss.

Originalität und Produktivität
bilden sich beim Gestalten

Grundlegende Anregungen

Ziel: Initiative, Phantasie und Kreativität entfalten und verschiedene Gestaltungsformen ausprobieren, um die eigenen Vorstellungen auszudrücken.

Jede Werkgestaltung hilft Ihrem Kind bei der Entwicklung seiner Kreativität ein Stück weiter. Regen Sie es also häufig zum Malen und Werken an, stellen Sie ausreichend Material zur Verfügung (Papier, Farben, Schere, Klebstoff usw.), sprechen Sie mit ihm ausführlich über die fertigen Werke und zeigen Sie ihm, dass sie Ihnen gefallen. In den Gestaltungsprozess selbst sollten Sie nur im Ausnahmefall eingreifen. Während der Vorbereitungen können Sie sich jedoch mit Ihrem Kind eingehend über sein Thema unterhalten. Wenn es zum Beispiel einen Baum malen will, sprechen Sie mit ihm detailliert über dessen Form, Blätter, Früchte

usw. Malen Sie ihm auf keinen Fall vor – malen Sie allenfalls gleichzeitig etwas anderes.

Ihre Anerkennung sollte realitätsbezogen sein: Wenn Sie zum Beispiel den Eindruck haben, eine Zeichnung sei (deutlich) zu wenig sorg-

fältig angefertigt worden, können Sie zum Vergleich eine frühere Zeichnung holen und einige Unterschiede benennen. Ihre Kritik sollte in jedem Fall zurückhaltend sein und die positiven Punkte des letzten Werkes betonen.

Ab vier Jahren

◉ Ziel: Malanregungen aufgreifen und vorgegebene Details in ein Bild einbeziehen.

Wenn Ihr Kind sehr lange mit einer bestimmten Mal- oder Zeichentechnik arbeitet, ohne dabei besondere Fortschritte zu machen, können Sie ihm weiterhelfen, indem Sie auf einem großen Malbogen ein Detail zeichnen oder malen, das Ihr Kind dann als Ausgangspunkt verwendet. Hier einige Beispiele:
– eine große Grundfläche, z. B. eine Wiese und einen Baum, als Ausgangspunkt für ein Haus mit Garten;
– ein einfacher Stamm als Ausgangspunkt für einen Baum;
– vier Beine als Ausgangspunkt für ein Tier;
– zwei große Räder als Ausgangspunkt für ein Fahrzeug;
– eine blaue Grundfläche als Ausgangspunkt für einen See, eine Eisbahn oder ein Schwimmbad.

Natürlich kann Ihr Kind die Details auch zu ganz anderen Themen verarbeiten! Variieren Sie bei den Ausgangspunkten Ihre Maltechnik ein wenig. Zeichnen Sie z. B. die grüne Fläche einmal so, dass sie aus vielen Grashalmen besteht, drücken Sie die Farbe ein anderes Mal mit einem Schwamm auf usw. Damit können Sie Ihr Kind zu einer Differenzierung seiner Techniken anregen.

◉ Ziel: Verschiedene Materialien so aufbewahren, dass sie jederzeit greifbar sind und als Anreiz dienen.

Ihr Kind kann wesentlich mehr Gestaltungsarten ausprobieren, wenn Sie eine breite Palette von Möglichkeiten ständig bereithalten. Dazu gehören u. a.:
– Malkiste: Sammeln Sie in einer großen offenen Schachtel oder Schublade Papier in allen Größen, Farben und in unterschiedlicher Oberflächenbeschaffenheit (glatt, rau, grob, fein usw.). Zur Malausrüstung gehören außerdem Buntstifte, Plaka-Farben, Deckfarben, Fingerfarben, Wachsmalkreiden und Filzschreiber sowie Pinsel verschiedener Stärke, die in kleineren Schachteln aufbewahrt werden und immer griffbereit sind.

- Klebekiste: In einer anderen großen Schachtel werden farbige Papiere, Prospekte, Bilder aus Zeitschriften, Plakate usw. gesammelt, die teilweise noch unverarbeitet sind oder bereits in einfarbige kleine Stücke gerissen oder geschnitten wurden. Mit geeigneten Klebstoffen kann das Kind daraus Klebebilder, Collagen oder Mosaike herstellen. Als Unterlage dienen Pappe, Tapetenreste oder Zeitungspapier. Je unterschiedlicher das gesammelte Material ist, desto mehr Möglichkeiten für phantasievolle Gestaltungen gibt es natürlich!
- Bastelkiste: Darin wird alles gesammelt, was nicht allzu groß ist und sich für Bastelarbeiten verwenden lässt, zum Beispiel Schachteln, Wellpappe, Karteikarten, Joghurtbecher, kleine Holzteile, weicher Draht, alte Filzschreiber usw. In die Bastelkiste gehören außerdem eine Schere mit abgerundeter Spitze und ein haltbarer Vielzweck-Klebstoff.
- Knetschachtel: Sie enthält verschiedenes Modelliermaterial wie Plastilin, Ton usw. Lassen Sie Ihr Kind zunächst mit wenigen Farben beginnen, aber mit nicht zu wenig Modelliermasse. Aus kleinen Farbwürsten kann Ihr Kind nicht viel machen, ohne sofort

alle Farben ineinander zu vermengen, und sicher hat es mehr Spaß an Gestaltungen, an denen es die einzelnen Bestandteile auch wegen der farblichen Trennung gut unterscheiden kann. Das Vermischen zu gewünschten Zwischentönen sowie das gezielte Schlierenbilden ist eine schwierige Technik, für die Ihr Kind besser zuerst die Erfahrung im Umgang mit reinen Farben sammelt.

Wenn das Formen Ihrem Kind besonders viel Spaß macht, sollten Sie im Laufe der nächsten Wochen auch Material einbeziehen, das sich im Ofen brennen lässt. Die Werke werden so besonders anerkannt und eher aufbewahrt. Eine Variante für Ihr Kind ist, wenn Sie es auch mit Gips formen lassen. Die fertigen weißen Figuren sind auch für anschließendes Bemalen geeignet.

■ Ziel: Klecksfiguren zur Erweiterung der Phantasie und zur differenzierten Wahrnehmung nutzen.

Sicher kennen Sie die Technik, die man als «Klecksografie» bezeichnen kann: Man lässt Tinte oder Tuschfarben auf ein Blatt Papier tropfen, faltet es dann in der Mitte und streicht mit der flachen Hand über die Rückseite. Durch den Druck verteilt sich die Farbe in bizarren Formen auf dem Papier. Man kann die zufällig entstandenen Formen übrigens auch gezielt weiter- und ausmalen.

Die Kleckstechnik kann Ihr Kind leicht lernen. Sie können auch ein leeres zweites Blatt zum Verstreichen verwenden (dann entsteht eine unsymmetrische Figur) oder das Papier schnell hintereinander (solange die Farbe feucht ist) zweimal falten, waagerecht und senkrecht. Das ergibt Figuren mit zwei Symmetrieachsen. Man kann in diesen Klecksografien die verschiedensten Gebilde erkennen: Tiere, Pflanzen, Menschen, Masken usw. Wer hat dabei die größte Phantasie?

Ab viereinhalb Jahren

◉ Ziel: Sich die wesentlichen Merkmale einer Figur vorstellen können und sie durch einfache Mittel veranschaulichen.

Für den folgenden Beschäftigungsvorschlag können Sie Streichhölzer (ohne Kopf), Knöpfe in unterschiedlicher Größe, Perlen, Büroklammern, Gummiringe, kurze Fäden, Schnurstücke, Papier- oder Kartonschnipsel und -streifen usw. verwenden. Daraus legen Sie zusammen mit Ihrem Kind eine vorher gewählte Figur, zum Beispiel eine Kuh, eine Giraffe oder eine Schlange. Jeder legt abwechselnd ein Teil an. Kann ein hinzukommender Mitspieler am Schluss erkennen, was es ist?

Nach einigen gemeinsamen Versuchen will Ihr Kind vermutlich allein Figuren legen. Legen Sie inzwischen etwas, was dazu passt. Ihr Kind gestaltet zum Beispiel ein Haus – Sie legen eine Garage oder einen Baum. Dieses Spiel hat den Vorteil, dass jedes gelegte Teil leicht verändert werden kann – leichter, als das beim Malen möglich ist.

◉ Ziel: Feine Steuerung von Arm und Hand beim Malen großflächiger Figuren, um einen runden Bewegungsablauf zu erreichen.

Gezielte Schwungübungen sind in der ersten Grundschulklasse Vorübungen für das Schreiben. Sie können einige Übungen auch jetzt anbieten, ohne den Schulstoff vorwegzunehmen. Dazu benötigen Sie einen großen Bogen Papier (Tapetenrolle, Packpapier oder Ähnliches), der auf dem Boden oder an einer schrägen Wand (wie bei einer Tafel) unverrutschbar befestigt ist, eine Flipchart wäre hierbei eine Komfortlösung.

Malen Sie darauf mit Wachsmalkreide einen Kreisbogen in einem Zug vor (Durchmesser 30 bis 50 cm). Ihr Kind soll diese Linie zügig, mit einer weichen, fließenden Bewegung nachziehen; seine Linie kann dabei selbstverständlich einige Zentimeter nach innen oder außen abweichen. Nach fünf ganz durchgezogenen Kreisbogen ohne Ecken und Kanten setzt es ab und macht dann die nächsten Kreisschwünge mit dem anderen Arm bzw. der anderen Hand. Je langsamer Ihr Kind die Wachsmalkreide führt, desto eckiger werden die Bogen. Ziel ist jedoch, zu gleichmäßig runden Formen zu kommen.

Am nächsten Tag malen Sie Dachpfannen in Form eines «U» (zunächst bei einem Dach ansehen), am dritten Tag Torbogen in Form eines «n». Mindestens zehnmal wird jede Grundform geübt, erst dann kommen ein neuer Abschnitt des Papiers und eine neue Form dazu.

Nach einigen Tagen, wenn Ihr Kind die Kreise und andere Formen sicher und selbstverständlich malt, wählen Sie als Grundform eine Acht. Wenn die runden Formen gut gelingen, können Sie Ihr Kind auch einige gerade Formen zeichnen lassen – schräg aufwärts, schräg abwärts, Zaunlatten, Bretterstapel usw. Das Schwingen soll einerseits die Ober- und Unterarmmuskulatur lockern, andererseits die zuverlässige Steuerung dieser Muskelgruppen bewirken. Kinder neigen dazu, Hand und Arm beim Schreiben zu verkrampfen. Mit der Lockerung der betroffenen Muskulatur wird dem entgegengewirkt.

Wenn Ihr Kind die großen Schwingübungen sicher beherrscht, können Sie zu kleineren Formen übergehen, bei denen der Kreisdurchmesser etwa zehn Zentimeter und weniger beträgt und die Länge des geraden Strichs nur noch etwa bis zu 15 cm. Dazwischen üben Sie aber auch immer wieder große Schwünge.
Wiederholen Sie diese Übungen von Zeit zu Zeit immer wieder. Wenn Sie dabei neue Aufgaben stellen (ein großes Ei malen, eine Lampenbirne, einen Riesenkreisel, Baumstämme im Wald usw.) und unterschiedliche Farben verwenden, zeichnet Ihr Kind gern mit. Es wird dadurch auch zum großzügigeren Malen und Zeichnen angeregt. Eine Erweiterung ist, die Schwungübungen mit beiden Händen zugleich auszuführen.

● Ziel: Farbtöne sicher unterscheiden und Farbanteile erkennen.

Mischen Sie einmal mit den Farben Rot und Gelb ein kontinuierliches Farbband mit allen Zwischentönen (Gelb, Gelb mit Rotschimmer, Rotgelb, Orange, Gelbrot, Rot mit Gelbschimmer, Rot). Dann schneiden Sie kleine, schmale Streifen aus, die den erwähnten Farben entsprechen. Fragen Sie anschließend Ihr Kind, in welchem mehr Gelb oder mehr Rot enthalten ist. Leiten Sie es auch an, bei Gegenständen die einzelnen Farbanteile abzuschätzen: Ob zum Beispiel eine bestimmte grüne Farbe mehr Blau oder mehr Gelb enthält usw. Diese Unterscheidung fällt ihm zunächst leichter, wenn Sie zwei Nuancen derselben Farbrichtung als Beispiel vorgeben, zum Beispiel gelbgrün (enthält mehr Gelbanteile) und flaschengrün (enthält mehr Blauanteile).

Dabei wird Ihr Kind auch feststellen, dass verschiedene Gegenstände nur selten den völlig gleichen Farbton besitzen, auch wenn sie pauschal als grün, gelb, rot usw. bezeichnet werden. Die pauschalen Farbnamen sollten Sie aus diesem Grund auch mehr und mehr vermeiden und stattdessen lieber von «zitronengelb», «eigelb», «tomatenrot», «rostrot» usw. sprechen. Die Unterscheidung der Nuancen ist wichtig, wenn Ihr Kind zur differenzierten Farbwahl beim Malen angeregt werden soll.

 Ziel: Fertige Bilder ergänzen und farblich verändern.

Schneiden Sie Bilder aus Illustrierten aus, zum Beispiel eine Landschaft, einen Baum im Winter, ein Gesicht usw., und lassen Sie Ihr Kind etwas Passendes dazu malen, entsprechend etwa ein Tier, ein Vogelhäuschen, Sommersprossen.

Ziel: Mit Papier kreativ und sorgfältig falten.

Die Origami-Technik, also das Gestalten mit Papier, ist in Japan eine beliebte Kunst, bei der es auf sorgfältiges Arbeiten ankommt. Die ersten Schritte dieser Gestaltungstechnik können Sie mit Ihrem Kind leicht lernen. Blumen, Vögel, Tiere – alles kann mit Papier gefaltet werden.

Um die Techniken kennen zu lernen, benötigen Sie ein spezielles Anleitungsbuch, das Sie entweder kaufen oder in einer Bibliothek ausleihen können. Sehen Sie sich die Anleitungen genau an, bevor Sie sich für ein Buch entscheiden: Sind die Zeichnungen so deutlich und zahlreich, dass Ihnen das Falten danach möglich ist?

Dann beginnen Sie daheim die ersten Versuche – für Sie sicher so spannend wie für Ihr Kind! Zunächst falten Ihr Kind und Sie einfache Dinge, dann anspruchsvollere. Der kreative Teil beginnt, wenn Sie so viele Möglichkeiten und Kniffe kennen gelernt haben, dass Sie auch ohne Vorlage Objekte Ihrer Wahl falten können. Ihr Kind macht die verschiedenen Lernschritte weitgehend mit, sodass es später auch allein einfache Papierfiguren herstellen kann.

Von vornherein geht es auch um das genaue Falten – sonst sind einige aufeinander aufbauende Falttechniken nicht möglich. Später stellen Sie sich gemeinsam Aufgaben: ein Nilpferd zu falten, eine Giraffe, ein Haus, Einrichtungsgegenstände für das Puppenhaus usw. Schließlich können Sie dazu auch besonderes Papier verwenden, farbiges, von Ihnen selbst eingefärbte Papiere oder zum Beispiel metallicschimmernde (möglichst umweltfreundlich), oder aber Sie bemalen die gefalteten Objekte.

Das Gestalten mit Papier ist in mehrerer Hinsicht empfehlenswert:
- Ihr Kind lernt sorgfältig und genau zu arbeiten.
- Die Geschicklichkeit von Händen und Fingern wird trainiert.
- Materialkenntnisse werden erweitert.
- Das Kind eignet sich verschiedene Falttechniken an, wobei das räumliche Sehen und Gestalten gefördert wird.
- Seine Kreativität wird angeregt, die neu erworbenen Möglichkeiten selbständig anzuwenden und zu kombinieren.

Bewegungsspiele für alle Muskelgruppen

Grundlegende Anregungen

■ Ziel: Bewegungen elastisch ausführen und den physiologisch wünschenswerten Wechsel von Spannung und Entspannung einhalten.

Die meisten Kinder, insbesondere Stadtkinder, haben heute zu wenig Bewegung. Sie sitzen zu lange vor dem Fernseher, sie müssen in der Wohnung Rücksicht auf Nachbarn und Mitbewohner nehmen und können nicht genügend im Gelände herumtoben, weil geeignete, nicht kultivierte Flächen in der Umgebung meistens nicht existieren oder nicht frei zugänglich sind.
Auf Beton und Asphalt sind die Möglichkeiten stark eingeschränkt (ebene Fläche oder künstliche Schräge!), und es besteht erhöhte Unfallgefahr. Das führt zu eingeengten Bewegungsschemata, starrem Bewegungsablauf, mangelndem Training der verschiedenen Muskelgruppen, zur Verhärtung von Muskeln und in der Folge zu einer Schwächung des Herz-Kreislauf-Systems.

Jedes systematische Körpertraining sollte vor allem diesen Mangel an natürlichen Bewegungsmöglichkeiten des Kindes auszugleichen versuchen. Damit werden die verschiedenen Funktionen (Beweglichkeit, Gelenkigkeit, Elastizität, Kraft, Ausdauer, Geschwindigkeit, Geschicklichkeit, Steuerungsfähigkeit aller Muskelgruppen) angeregt. Der Wechsel zwischen den verschiedenen Bewegungsarten sorgt für Abwechslung, aber auch für die ausgewogene Berücksichtigung aller Muskelfunktionen.
Zugleich erhält die Entwicklung unter den Aspekten Spontaneität, Kooperation, Kommunikation, Flexibilität, Selbständigkeit und Selbstsicherheit wesentliche Impulse.

■ Ziel: Mit oder ohne Anleitung neue Bewegungsfolgen erlernen.

Versuchen Sie, regelmäßig zwischen den folgenden Übungen abzuwechseln:

– Das Kind entwickelt selbst eine Bewegungsfolge. Sie kennzeichnen zum Beispiel eine Strecke von zehn bis 20 m Länge und fordern Ihr Kind auf, diese Strecke mehrmals hintereinander in jeweils verschiedener Weise zurückzulegen. Ob es nun rückwärts läuft, hüpft, kriecht oder wie auch immer – das soll es sich selbst ausdenken. Sie können sich auch abwechseln: Dabei denkt

sich jeder eine andere Art aus und führt sie vor.

– Sie geben ein Ziel an, zum Beispiel: «Versuch mal, auf den Tisch zu klettern!» (… den Zaun zu überwinden, den kleinen Bach zu überqueren, den Sessel in die andere Zimmerecke zu bringen usw.). Die Art der Bewegungen ist ganz Ihrem Kind überlassen. Es kommt nur darauf an, dass ein bestimmtes Ziel erreicht wird – wie, ist gleichgültig.

– Sie geben ein Ziel an und beschreiben alle Einzelschritte, wie dieses Ziel erreicht werden kann. Das hilft Ihrem Kind, eine schwierige Bewegungsfolge zu begreifen. Zeigen Sie dann andere, weitergehende Zielsetzungen, bei denen das erworbene Handlungsmuster, zumindest teilweise, angewandt werden kann.

– Sie führen selbst eine Bewegungsfolge vor und bitten Ihr Kind, sie nachzumachen. Diese Lernform ist die anschaulichste, sie darf aber keinesfalls überwiegend angewandt werden, sonst entwickelt Ihr Kind zu wenig Eigenständigkeit und Initiative.

– Spannend ist die Übungsform «Circuit-Training»: Sie legen zum Beispiel, gemeinsam mit Ihrem Kind, für jede Zimmerecke eine Übung fest. Dann geht Ihr Kind von Ecke zu Ecke und führt diese Übung jeweils einmal aus – noch besser, wenn Sie sich beteiligen.

Tipps für alle Tage

Zu den folgenden fünf Gruppen von Übungen (damit sind die folgenden fünf Ziele gemeint) sollen noch einige Tipps gegeben werden:

– Die verschiedenen Anregungen dienen dem Training der allgemeinen Beweglichkeit, der Koordination, der Bewegungssteuerung und Bewegungsgenauigkeit, der Körperkraft und der Schnelligkeit.

– Führen Sie nicht mehrere Übungen aus derselben Gruppe hintereinander durch. Einen größeren Trainingseffekt erzielen Sie, wenn Sie die fünf Gruppen insgesamt zwei- bis dreimal durchlaufen und bei jedem Durchgang nur eine Übung pro Gruppe machen.

– Bei den folgenden Anregungen muss ein Kind unter Umständen erst die eine oder andere Übung bzw. das Spiel erlernen. Gehen Sie dabei langsam vor und geben Sie Hilfe; sparen Sie nicht mit Anerkennung, wenn etwas erstmals oder deutlich besser gelingt.

■ Ziel: Die Beweglichkeit des ganzen Körpers, des Rumpfes und der Extremitäten fördern.

Wählen Sie aus den folgenden Anregungen für das tägliche Körpertraining jeweils zwei bis vier Anregungen aus:

Im Zimmer bei weit geöffnetem Fenster

– Gehen Sie im Kreis und in Schlangenlinien hintereinander, mit kleinen und großen Schritten, tapsig wie ein Bär, abwechselnd langsam und schnell, nur auf den Ballen aufsetzend, nur auf der Ferse; ebenso alles rückwärts.

- Sie stehen sich gegenüber, halten sich an den Händen, wippen in die Hocke und wieder hoch.
- In der Hocke die Hände vorn aufstützen, mit den Füßen dicht hinter die Hände hüpfen (Häschen- oder Froschhüpfen); danach die Hände erst weit links vorn aufstützen und mit den Füßen nachhüpfen, dann rechts vorn (Zickzack-Hoppeln).

Im Freien

- Ihr Kind liegt mit nach oben gestreckten Armen im Gras und dreht sich wie eine Walze um die Längsachse (möglichst ohne Nachhelfen der Hände oder Beine). An einem kleinen Abhang macht das besonders viel Spaß!
- Mehrere Purzelbäume hintereinander schlagen; auch einen flachen Hügel hinunter.
- Locker einen Kreis laufen, dabei einmal die Knie ganz hochheben, dann die Beine weit nach hinten schleudern und die Hände hochheben; zwischen betontem Aufsetzen des linken bzw. rechten Fußes wechseln; während des Laufens einen hohen Pferdchensprung machen; mal mit dem rechten, dann mit dem linken Bein große Schritte machen.

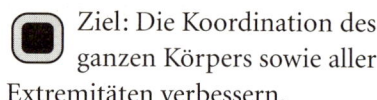 Ziel: Die Koordination des ganzen Körpers sowie aller Extremitäten verbessern.

Wählen Sie aus den folgenden Anregungen pro Tag jeweils zwei bis vier Übungen aus:

Im Zimmer bei weit geöffnetem Fenster

- Auf den Zehenspitzen stehend sich möglichst weit nach vorn beugen, dann nach hinten, nach links und rechts. Mit gespreizten Beinen stehen und bei weit auseinander gebreiteten Armen mit der linken Hand den rechten Fuß erreichen, dann umgekehrt.
- Mit weit ausgestreckten Armen auf einem Bein stehen und sich möglichst weit nach links bzw. rechts drehen.

Im Freien

- Eine Wäscheklammer auf den Kopf legen und damit einmal im Kreis laufen, ohne dass sie herunterfällt.
- Auf einem Hüpfball mit kleinen (später großen) Schritten vorwärts hüpfen; eine Acht hüpfen.
- Einen Ball hochwerfen, aufspringen lassen und dann fangen.
- Einen Ball mit den Füßen um vier markierte Ziele herumtreiben; ihn mit einem Stock auf ein bestimmtes Ziel zutreiben.

– Über ein Brett balancieren
mit einem größeren Stein in der
linken (rechten) Hand.
– Den Stein einmal links, einmal
rechts herum um den Körper rei-
chen.
– Mit einem Springseil mit parallel
stehenden Beinen hüpfen.
– Ein langes Springseil (ca. vier
Meter) wird an einem Mauerha-
ken oder Ähnlichem festgebun-
den, die Mutter oder der Vater
schwingen es, das Kind läuft
durch den Schwingkreis, ohne
das Seil zu berühren; das Kind
springt über das Seil.

■ Ziel: Die Genauigkeit von
Bewegungsabläufen erhöhen.
Zusammenspiel von Steuerung und
Muskelkoordination verbessern.

Wählen Sie aus den folgenden Anregungen pro Tag jeweils zwei bis
vier Anregungen aus:

**Im Zimmer bei weit
geöffnetem Fenster**
– Mit einem rollenden Tennisball
einen Bauklotz treffen, der
zwei Meter entfernt ist; in einen
Plastikeimer zielen.
– Einen Ball so auf den Boden
prellen, dass er danach auf einen
Stuhl hüpft (bei jedem Spiel
neue Ziele wählen).

Im Freien

- Einen Ball an die Wand werfen und fangen, ihn in einen hoch hängenden Korb werfen; ihn durch einen in zwei Metern Höhe senkrecht aufgehängten Reifen werfen; ihn hochwerfen und mit dem Kopf treffen.
- Einen kleinen Ast von einer Brücke in einen Fluss werfen und ihn dann mit Kieselsteinen zu treffen versuchen.
- Im Gras Flaschen aufstellen und im Slalom um sie herum krabbeln.
- Auf einem Plattenweg einzelne Platten mit einem Kreidestück markieren und beim Durchlaufen je einmal berühren.

■ Ziel: Die Kraft aller Muskelgruppen und die Ausdauer erhöhen.

Wählen Sie aus den folgenden Anregungen pro Tag jeweils zwei bis vier Übungen aus:

Im Zimmer

- Mehrmals hintereinander hochspringen und die Landungen weich abfedern; rhythmisch springen, und zwar zum Beispiel einmal hoch, zweimal weniger hoch oder einmal hoch, dreimal weniger hoch.
- Mit besonders großen Schritten im Kreis gehen.

- Sich auf die Hände stützen und auf allen vieren gehen; mit den Armen einknicken, während die Beine noch gestreckt bleiben; auf allen vieren stehen und nacheinander den linken Arm, rechtes Bein, rechten Arm, linkes Bein weit und hoch wegstrecken.
- Auf dem Rücken liegen und die Füße heben; eine Kerze machen. Sich bei festgehaltenen Beinen und gestreckten Armen aus der Rückenlage aufsetzen.
- Bewegungen ausgewählter Berufe nachahmen: dafür zunächst Verkäuferinnen, Metzger, Friseusen, Straßenarbeiter, Fußballtrainer, Torwarte, Tennisspieler beobachten, zu Hause mit Hilfsgegenständen nachahmen.

Im Freien

- Einmal auf dem linken, dann auf dem rechten Bein eine Strecke von drei bis fünf Metern hüpfen.
- Einen schweren Stein heben und ein Stück weit werfen.
- Die Geräte eines Spielplatzes, besonders den Kletterturm und die Hangelbogen benutzen.
- Krabbeln mit dem Rücken zum Boden; unter Hindernissen durchkriechen.
- In der Hocke hüpfen.
- Bäuchlings auf einem Hocker liegend Schwimmbewegungen machen.

Steine in einen kleinen Beutel füllen (zwei Kilogramm); eine bis 1,5 m lange Schnur daran (fest!) anbinden, dieses Gerät im Kreis schwingen und sich selbst dabei drehen.

Ziel: Den Bewegungsablauf beschleunigen und dabei Koordination und Genauigkeit beibehalten.

Im Zimmer

Rasch zwischen je zwei der folgenden Körperhaltungen wechseln:
- mit hoch erhobenen Händen auf Zehenspitzen stehen;
- mit gestreckten Beinen und waagerecht vorgehaltenen Armen sitzen;
- flach auf dem Bauch liegen mit gestreckten Armen und Beinen;
- ebenso flach auf dem Rücken liegen.

Im Freien

- Einen Ball mit beiden Händen an eine Wand prellen (die Hände werden dabei flach nebeneinander gehalten) und wieder fangen.
- Einen Ball schnell zwischen zwei Spielern hin- und herwerfen; schließlich, nach einiger Übung, nur noch hin- und herprellen.

Ab vier Jahren

 Ziel: Weit- und Hochspringen.

Spannen Sie zwischen zwei Stühlen (Pflöcken usw.) im Freien ein Gummiband (Hosenbandgummi) im Abstand von ca. zwei Metern in einer Höhe von etwa 15 cm. Dann hüpfen Sie und Ihr Kind abwechselnd darüber. Schieben Sie das Band von Tag zu Tag um zwei Zentimeter höher.

Später üben Sie das Weitspringen, indem Sie eine Absprungstelle festlegen und das Gummiband in einer Entfernung von 50 cm bei einer Höhe von zehn Zentimetern spannen usw. Die Entfernung können Sie von Woche zu Woche erhöhen, auf 55, 60, 65 cm usw.

Bei diesen sportlichen Aktivitäten geht es keinesfalls nur um das Weit- oder Hochspringen: Ihr Kind erlebt vielmehr, dass es von Tag zu Tag Fortschritte macht und dass es sich etwas zutrauen kann. Übrigens wird so zugleich sein Selbstvertrauen gefestigt.

Ziel: Beim Durchlaufen eines Hindernisparcours verschiedene Schwierigkeiten bewältigen.

Bei Hindernisläufen können Sie zum Beispiel folgende Schwierigkeiten einbauen: auf ein Mäuerchen steigen und herunterhüpfen; einen Mantel schnell an- und ausziehen; auf einem Bein im Kreis hüpfen; sich dreimal schnell nach links herum drehen; Wasser aus einem kleinen Eimer mit einer Schöpfkelle in einen anderen, noch kleineren Eimer umfüllen, bis dieser voll ist; einen Stapel Bücher so umschichten, dass das unterste Buch anschließend oben liegt; in einen Sack steigen und einige Meter hüpfen; mit einem Roller, einem Dreirad, einem Kettcar oder dem Fahrrad auf einem großen Hof eine Acht fahren; eine Schüssel, die bis zwei Zentimeter unter den Rand mit Wasser gefüllt ist, einige Meter weit tragen, ohne etwas zu verschütten. Es sollten jedoch nicht mehr als zwei bis drei Schwierigkeiten aufeinander folgen.

Ab viereinhalb Jahren

Ziel: Gruppenspiele zum Training bestimmter motorischer Fähigkeiten und als Anregung zu sozialem Verhalten.
– Ringe werfen: Leichte Ringe (Durchmesser 15 bis 20 cm) werden auf einen senkrecht befestigten Stab oder eine Flasche

geworfen. Wer am häufigsten
trifft, gewinnt.

– Murmelspiel: In den Boden wird
  eine kleine Vertiefung gegraben.
  Wer mit seiner Murmel hinein-
  trifft, gewinnt die Kugeln, die
  oben liegen geblieben sind.

– Angelspiel: An einen 60 cm langen Stab wird eine ein Meter
  lange Schnur gebunden, daran
  ein Drahthaken befestigt. Damit
  werden selbst gebastelte Fische
  (aus Karton) geangelt, die am
  Kopf einen feinen Drahtring tragen. Wer die meisten Tiere an-
  gelt, gewinnt. (Wer sich die Bas-
  telarbeit sparen will: Angelspiele
  verschiedener Art sind auch im
  Spielwarenhandel erhältlich.)

– Flohspiel: Runde Plastikscheiben
  werden mit Hilfe eines größeren
  Plastikchips in einen Becher in
  der Tischmitte geschnippt.
  («Flohspiele» gibt es in Spielwa-
  rengeschäften.)

– Kreiseln: Ihr Kind bekommt
  einen besonders lang und leicht
  laufenden Kreisel, Sie selbst einen, der etwas schwerer läuft.
  Wessen Kreisel dreht sich länger?

– Bierdeckel werfen: Jeder Mitspieler hat sechs Bierdeckel (je zwei
  aufeinander geklebt). In einer
  Entfernung von zwei Metern
  liegt ein weiterer Bierdeckel als
  Ziel: Wer trifft das Ziel am häufigsten?

● Ziel: Schwimmen lernen – vergleichen Sie dazu auch die ausführlichen Anregungen für Dreijährige im «Elternbuch 4».

Für den Anfang des Schwimmenlernens sind Wassergewöhnungsübungen zu empfehlen. Ihr Kind lernt, dass Wasser und Umgang mit Wasser Spaß machen können. Schon in der Badewanne können Sie dazu wesentliche Anregungen geben:

– Sie können das Baden nicht nur als Körperreinigungsprozedur, sondern als angenehme Körpererfahrung durchführen.
– Ebenso kann das Duschen als angenehme Körpererfahrung erlernt werden – abhängig von der Temperatur, der Wassermenge, der Art der Wasserstrahlen usw.
– Erste Tauchübungen kann ein Kind in der Badewanne machen: dazu für kurze Zeit Atem anhalten und das Gesicht eintauchen; mit dem Mund unter Wasser Blubberlaute produzieren usw.

Im Schwimmbad machen Sie Ihr Kind zunächst mit den verschiedenen Einrichtungen und Gepflogenheiten vertraut. Nach dem intensiven Kennenlernen des Übungsbeckens geben Sie Ihrem Kind Schwimmflügel, damit es sich auf der Wasseroberfläche halten kann.

Beim Brustschwimmen stützen Sie es so lange mit Ihrer Hand unter der Brust oder dem Bauch, bis es sich völlig sicher fühlt. Erst dann nehmen Sie Ihre Hilfe nach und nach zurück – keinesfalls plötzlich! Lassen Sie es mit Armen und Beinen rhythmisch paddeln. Machen Sie es auch auf die richtige Atmung aufmerksam: einatmen durch den Mund, ausatmen durch die Nase.

Natürlich dürfen Sie Ihr Kind nie als Feigling oder dergleichen bezeichnen, wenn es im Wasser Angst zeigt. Sonst verliert es von Anfang an die Freude am Schwimmen, Tauchen, Planschen und Springen.

Wenn die Wassertemperatur zwischen 27 und 30 Grad liegt, können Sie eine Viertelstunde üben (nicht länger!). Günstiger sind Temperaturen zwischen 30 und 33 Grad. Ist das Wasser kälter als 27 Grad, sollten Sie Ihr Kind nur mit Aufwärmpausen jeweils fünf Minuten im Wasser lassen, damit es nicht unterkühlt wird und sich erkältet.

! Besonders wichtig: Auch ein Schwimmlehrer benötigt bei einem vierjährigen Kind über zehn Stunden Unterricht bis zum freien Schwimmen. Wappnen Sie sich also mit Geduld und überfordern Sie Ihr Kind nicht.

Fit im Alltag

Grundlegende Anregungen

■ Ziel: Größere Unabhängigkeit des Kindes von dem Erwachsenen erreichen.

Enttäuschen Sie Ihr Kind möglichst nie mit dem Satz: «Dazu bist du noch zu klein!» Geben Sie ihm stattdessen oft die Möglichkeit, seinen Wunsch doch auf irgendeine Weise zu verwirklichen.

Dazu ein Beispiel: Ihr Kind möchte gern selbst Auto fahren. Natürlich ist es zu klein dazu. Lassen Sie es dann wenigstens am Lenkrad drehen, den Lichtschalter betätigen usw. Dabei festigt sich sein Selbstvertrauen, außerdem bekommt es mehr Übung in praktischen Handgriffen. Im Autoscooter am Rummelplatz kann es in einer ruhigen Stunde dann einmal wirklich selbständig fahren, wenn keine gefährlichen Zusammenstöße (mit größeren Kindern) zu erwarten sind.

Lassen Sie Ihr Kind bei Ihren Tätigkeiten mithelfen. Seine Hilfe sollte aber freiwillig geschehen und in diesem Lebensjahr noch jederzeit von ihm beendet werden können! Kinder verlieren oft die Freude daran, in praktischen Dingen geschickt zu werden, wenn ihre neu erworbenen Fähigkeiten gleich zu Pflichten führen (zum Beispiel regelmäßiges Blumengießen)!

Zunächst kommt es ja nur darauf an, die verschiedenen Handlungen zu erlernen und das dazu benötigte Material oder Werkzeug zu kennen. Die regelmäßige Erledigung dieser Handlungen aus Hilfsbereitschaft, zur Entlastung der Eltern, setzt eine Einsicht voraus, die erst durch einen langen Lernprozess vermittelt werden kann.

Ab vier Jahren

 Ziel: Sich allein an- und ausziehen.

Sicher ist Ihr Kind schon recht selbständig beim An- und Ausziehen. Jetzt kann es auch die folgenden schwierigen Techniken lernen:
- wie Klettverschlüsse und Druckknöpfe funktionieren;
- wie man Knöpfe öffnet und schließt (auch ohne dabei hinzusehen);
- wie man in einen Mantel schlüpft, ohne dass der Pulloverärmel hochgeschoben wird;
- wie Unterhemd und -hose, Pulli und Hose an der Taille ineinander gesteckt werden;
- wie man den Reißverschluss beim Anorak ineinander steckt und zuzieht;
- wie man einen Schnürsenkel wieder in die richtige Öse einführt;
- wie man eine Schleife bindet und löst (wählen Sie dazu zunächst eine dicke, runde Kordel und machen Sie die Schleife als Schmuck bei einem Päckchen);
- wie Kleidungsstücke (insbesondere Ärmel) von innen nach außen umgekehrt werden (Beispiel Pulli);
- wie man mit einer Sicherheitsnadel umgeht.

 Ziel: Selbständiges Einkaufen.

Wenn es die Verkehrsverhältnisse erlauben, lassen Sie Ihr Kind in einem nahe gelegenen, bekannten Geschäft zunächst zwei bis drei Dinge einkaufen. Zeigen Sie ihm vorher, was es tun muss: Tasche und Geld mitnehmen, zum Laden gehen, die Ware aussuchen oder sich geben lassen, an der Kasse bezahlen und das Wechselgeld entgegennehmen, die Waren einpacken und ohne Umwege wieder nach Hause kommen. Wenn das Einkaufen bei Ihnen ohne Straßenüberquerungen oder wegen anderer Gefahrenquellen nicht möglich ist, gehen Sie mit dem Kind zusammen zum Geschäft und warten Sie vor dem Laden oder in der Nähe. Vielleicht ergibt sich die Gelegenheit, wenn Sie vor einem Geschäft Bekannte treffen: Während Sie sich unterhalten, kauft das Kind ein.

 Ziel: Die eigenen Schuhe selbst reinigen können.

Beginnen Sie am besten mit Gummistiefeln. Wenn Ihr Kind sie mit einem nassen Lappen oder Schwamm putzt, hat es rasch sichtbaren Erfolg: die Schuhe glänzen wie neu. Später zeigen Sie ihm, wie Lederschuhe gereinigt werden, wie man sie einwachst und poliert.

Ab viereinhalb Jahren

 Ziel: Den Eltern helfen.

Immer wieder gibt es im Haushalt Arbeiten, bei denen Ihr Kind mithelfen kann, zum Beispiel beim Zusammenfalten von Handtüchern, beim Einordnen von Wäsche in einen Schrank (beim Hochschrank: der Erwachsene steht auf einem Stuhl, das Kind reicht die einzelnen Teile zu), beim Wäscheaufhängen usw. Ihr Kind lernt dabei, wie bestimmte Handlungsanleitungen umgesetzt und Aufgaben erledigt werden. Außerdem macht es ihm sicher Freude, sich als wichtiger Partner des Erwachsenen zu fühlen.

 Ziel: Für einen gespielten Urlaub die benötigten Gegenstände zusammentragen.

Spielen Sie einmal Kofferpacken mit Ihrem Kind. Geben Sie ihm einen mittelgroßen Koffer und legen Sie mit ihm ein Reiseziel fest, zum Beispiel Urlaub am Meer. Für diese Reise soll Ihr Kind nun alles zusammentragen, was es braucht. Sicher bringt es mehr herbei, als in den Koffer passt, und muss manches zurücklassen.

Für weitere Themen für das Kofferpacken eignen sich: Tagesreise im Auto, Badefahrt, Gebirgstour, Stadtfahrt, Besuch bei einer Tante, Wochenendfahrt oder Ferien auf dem Bauernhof.

 Ziel: Öffentliche Verkehrsmittel benutzen.

Zeigen Sie Ihrem Kind von nun an, wie man die verschiedenen öffentlichen Verkehrsmittel (Omnibus, Straßenbahn, U-Bahn, Bundesbahn) benutzt, wo man die Fahrkarten kauft, wie man umsteigt, wie man erfährt, in welche Richtung das Verkehrsmittel fährt usw.

Das Kind wird
täglich selbständiger

Grundlegende Anregungen

Ziel: Die eigenen Bedürfnisse, Wünsche und Interessen erkennen und verwirklichen.

Kaum eine der Anregungen des gesamten Lernspielprogramms verlangt so viel Aufmerksamkeit von Ihnen wie diese. Es geht um die Wahrnehmung der kindlichen Bedürfnisse, Interessen und Wünsche, und zwar sowohl seiner offenkundigen Bedürfnisse als auch seiner verborgenen Wünsche. Beobachten Sie Ihr Kind mehrere Tage unter folgenden Aspekten:

– Beginnt es eine Tätigkeit oder ein Spiel von sich aus und auch dann, wenn es scheinbar unbeobachtet ist?
– Beschäftigt es sich längere Zeit mit dieser Tätigkeit? Lässt es sich dabei ablenken?
– Wirkt es während dieser Beschäftigung ruhig, ausgeglichen oder sogar fröhlich?

– Wünscht es sich etwas, mit dem es diese Tätigkeit noch besser ausbauen kann (zusätzliches Spielmaterial, Hilfen, Anleitungen, Mitspieler)?
– Hat es mehrere Beschäftigungen, die ihm viel Spaß machen?
– Führt es die Beschäftigungen auch aus, wenn seine Freunde da sind?
– Wiederholt es Tätigkeiten an verschiedenen Tagen, manche sogar zwei bis drei Monate hindurch?
– Greift es Ihre neuen Anregungen gelegentlich von sich aus wieder auf?
– Kann es seine Wünsche und Anliegen meistens ausführen?

Wenn Sie diese Fragen überwiegend mit «Ja» beantworten können, verwirklicht Ihr Kind viele Wünsche, die zugleich seine Persönlichkeitsentwicklung voranbringen. Trotzdem sollten Sie sich auch in diesem Fall einmal eine Zeit lang alle Bitten aufschreiben, die Ihr

in diesem Fall auf Ihre Ankündigung.

Durch das Notieren von Wünschen bekommen Sie einen guten Überblick über seine Bedürfnisse. Versuchen Sie, die aufgeschobenen Wünsche nach Möglichkeit bald zu verwirklichen. So erfährt Ihr Kind, dass es sich lohnt, Wünsche zu äußern. Es wird dann auch Bitten nennen, die bisher von ihm verdrängt wurden. Kinder haben für abgeschlagene Wünsche oft ein gutes Gedächtnis.

Ermutigen Sie Ihr Kind, bei allen geeigneten Gelegenheiten, seine Wünsche auszusprechen, zum Beispiel beim Kauf von Kleidungsstücken: Lassen Sie es die Farbe seines neuen Pullis oder Hemds aussuchen, geben Sie ihm die Möglichkeit, zwischen mehreren Schuhen ähnlicher Preislage und ähnlicher Qualität zu wählen.

Sicher führt das im Laufe der Zeit dazu, dass es seine eigenen Bedürfnisse deutlicher und vielleicht sogar heftiger artikuliert. Sie sollten das aber im Interesse Ihres Kindes fördern: Es hilft ihm wesentlich bei der Entwicklung seiner Persönlichkeit. Ein Kind, das sich dagegen ständig nach den Wünschen und Erwartungen der Eltern richten muss, bleibt oder wird abhängig und unselbständig. Das heißt nicht, dass Sie

Kind äußert und die Sie nicht erfüllen. Notieren Sie zum Beispiel, wenn es einmal ins Kaspertheater gehen wollte, Sie seinen Wunsch aber in den nächsten Tagen nicht realisieren konnten. An einem anderen Tag ist es Ihnen sicher möglich, Ihrem Kind diesen Gefallen zu tun.

Wenn Sie die Wunscherfüllung erst später ermöglichen können, sollten Sie es dann darauf hinweisen: «Vor einigen Tagen wolltest du …, jetzt ist das tatsächlich möglich.» Damit lernt Ihr Kind, sowohl die Erfüllung von Wünschen und Bedürfnissen ein wenig aufzuschieben als auch sich auf etwas verlassen zu können:

jeden Wunsch erfüllen sollen. Wenn Sie aber ablehnen, sollten Sie das begründen.

■ Ziel: Misserfolge bewältigen und Hindernisse beseitigen können.

Oft genug wird Ihr Kind erfahren, dass etwas nicht klappt, was es sich vorgenommen hat. Machen Sie es deshalb mit folgenden Verhaltensweisen vertraut, die Frustrationen vermeiden helfen:

– Bewältigung auf dem direkten Weg: Ein Versuch ist missglückt, also wird ein zweiter Versuch gestartet. Zum Beispiel: Das Kind baut einen Turm so rasch und schief auf, dass er schnell umkippt. Ermuntern Sie es, noch mal, aber etwas langsamer zu bauen. Oder: Der Gummistiefel rutscht nicht vom Fuß. Sie können es auffordern: «Setz dich hin, fass mit beiden Händen an und zieh kräftig!» Häufig genügen solch ermutigende Hinweise, damit das Kind doch mit der selbst gestellten Aufgabe fertig wird.

– Bewältigung mit Hilfe eines einfachen Umwegs: Wenn eine Sache scheinbar nicht möglich ist, kann man nach einem Umweg suchen. Zum Beispiel stellt das Kind fest: «Ich kann nicht über den Bach springen!» Mit ein paar großen Steinen ist rasch eine Art Furt gebaut, oder ein großes Brett kann als Brücke dienen. Oder: Ein Ball ist über einen hohen Zaun geflogen. Mit einem langen Stock kann er herangerollt und über den Zaun zurückgeholt werden.

– Das Ziel ist erst später erreichbar: Hierbei muss das Kind erkennen, warum das Ziel nicht schon jetzt, sondern erst später zu erreichen ist. Begründungen und präzise Zeitangaben helfen ihm, die Wartezeit zu überbrücken. Speisen Sie es nicht einfach mit der Bemerkung ab: «Das geht jetzt nicht!»

– Suchen Sie gelegentlich auch Ersatzlösungen, wenn ein Ziel nicht verwirklicht werden kann: Ihr Kind wünscht sich zum Beispiel die bei Bekannten hängende Kuckucksuhr. Suchen Sie dann vielleicht in Geschäften nach einer ähnlichen Uhr oder einer passenden Spielzeuguhr – manchmal ist eine Ersatzlösung besser als keine.

– Ein Ziel ist unerreichbar und kann mit keiner der bisher genannten Möglichkeiten erfüllt werden: Sprechen Sie in diesem Fall mit Ihrem Kind genau durch, warum sich sein Wunsch nicht erfüllen lässt. Zählen Sie alle Gründe auf, die das Erreichen unmöglich machen (also nicht nur einen Grund nennen). Lassen Sie Ihr Kind vor allem auch fühlen, dass Sie seine Enttäuschung verstehen. Suchen Sie darüber hinaus eine interessante Ablenkung: So bleibt nicht die abgebrochene und nicht durchführbare Handlung Schlusspunkt, sondern die neue Aktivität!

Trotz dieser Hilfstechniken ergeben sich immer noch so viele Frustrationserlebnisse, dass Ihr Kind die notwendige Frustrationstoleranz entwickelt, die Abhärtung («dicke Haut») für Enttäuschungen. Diese Erfahrungen braucht es natürlich auch, um für später gerüstet zu sein, wenn Sie nicht mehr die größten Hindernisse aus dem Weg räumen können.

 Ziel: Selbsteinschätzung und Selbstvertrauen festigen.

Gerade weil Ihr Kind Ihnen in vielen Dingen blind vertraut, können Sie seine Selbsteinschätzung noch wesentlich beeinflussen. Sprechen Sie ihm bei anspruchsvollen Aufgaben Mut zu. Damit stärken Sie sein Selbstwertgefühl. Es wird die Aufgabe leichter wagen, wenn es das Gefühl hat, dass Sie ihm die Leistung zutrauen – Ihr Zutrauen darf es allerdings nicht überfordern!

Die Gefühle des Kindes
bestimmen sein Erleben

Grundlegende Anregungen

Ziel: Alle Aktivitäten möglichst in spannungsfreien, angenehmen Situationen vollziehen.

Angenehme Gefühle aktivieren, unangenehme belasten Kinder wie Erwachsene. Das macht sich auch im Erscheinungsbild bemerkbar: Ein fröhliches Kind geht beschwingt oder hüpft. Nach Enttäuschungen lässt es dagegen den Kopf hängen oder drückt sich in Ecken herum. Länger andauernde Stimmungen verstärken die Intensität bestimmter Verhaltensweisen. Handlungen ohne oder mit nur geringer Gefühlsbeteiligung sind weniger energiegeladen. Sie werden zum Beispiel eher abgebrochen, das Kind ist nicht engagiert bei der Sache.

Im Wesentlichen kommt es darauf an, ob eine Beschäftigung mit angenehmen oder unangenehmen Gefühlen verbunden ist. Auf diese Verbindung haben Sie als Eltern, vor allem beim Erlernen neuartiger Tätigkeiten oder Verhaltensweisen, großen Einfluss. Wenn es Ihnen gelingt, während des Lernvorgangs angenehme Gefühle beim Kind zu erzeugen, werden diese Handlungen auch weiterhin gern vollzogen, das Kind speichert Handlung und angenehmes Gefühl zugleich in seinem Gehirn. Dazu gehört, dass Sie das Kind nicht überfordern, dass Sie seine Leistungen anerkennen und dass Sie lerngeeignete Materialien anbieten. Mit guten Inline-Skates lernt Ihr Kind zum Beispiel leichter als mit schlechten.

Je günstiger also die Voraussetzungen in der Lernphase, desto lieber wird eine bestimmte Handlung später vom Kind ausgeführt werden. Das gilt auch allgemein für den Lernbereich Arbeit. Vermitteln Sie Ihrem Kind Freude an der Arbeit, indem Sie mithelfen, dass auch kleine Aufträge (Einkaufen, Auf-

räumen usw.) mit angenehmen Gefühlen verbunden werden. Damit wird das Durchführen auch weniger angenehmer Pflichten wesentlich erleichtert.

⬛ Ziel: Gefühlsäußerungen und andere Zeichen von Gefühlen anderer richtig auffassen und verstehen.

Sprechen Sie gelegentlich mit Ihrem Kind über die Gefühle anderer Menschen. Leiten Sie es an, die Gefühle und Stimmungen anderer richtig einzuschätzen. Ein Lachen zum Beispiel kann ganz verschiedene Gefühle ausdrücken: Schadenfreude, Fröhlichkeit, Verlegenheit

usw. Oft lässt sich aus dem Ausdrucksverhalten allein die echte Gefühlslage des Betreffenden noch nicht erschließen. Dennoch ist es ein erster Schritt für Ihr Kind, das Ausdrucksverhalten anderer Menschen und damit deren Gefühle und Einstellungen zu beachten und auch ansatzweise zu interpretieren.

Aufschlussreich sind neben der Mimik auch die Bewegungen eines Menschen: seine Art zu sitzen, zu gehen, zu stehen, die Art, wie er spricht usw. Bei gelegentlichen gemeinsamen Beobachtungen erfährt Ihr Kind viel über sich selbst. Nicht nur bei anderen wird es feststellen, ob und warum sie gerade traurig sind, sondern es beachtet diese Gefühle dann auch bei sich selbst mehr und erfährt damit sein Befinden gelegentlich bewusst.

Kinder, die nicht gelernt haben, die Gefühle anderer zu erkennen und im eigenen Verhalten zu berücksichtigen, wirken gefühlskalt und können auch ihre eigenen Stimmungen und Bedürfnisse nicht mitteilen. Das führt weiter dazu, dass die anderen zu schnell über die Gefühle dieser Kinder hinweggehen, weil sie nicht deutlich erkennbar sind.

Sprechen Sie allerdings nur gelegentlich über diese Thematik: Das könnte anderenfalls zu allzu intensiver Selbstbeachtung Ihres Kindes führen, zu einer Unechtheit des Empfindens und Erlebens und damit zu Gefühlsbefangenheit.

Ziel: Eigene Gefühle, Wertungen und Einstellungen unabhängig von anderen entwickeln und behaupten.

Sicher haben Sie sich im Spielwarenladen schon manchmal gefragt: «Warum gefällt meinem Kind ausgerechnet diese Puppe, dieses Auto, dieser Malblock?» Vielleicht sind Sie nicht immer mit seinem Geschmack einverstanden. Ein gewünschtes Spielzeug erscheint Ihnen möglicherweise kitschig, hässlich usw. Lassen Sie dem Kind beim Aussuchen aber trotzdem freie Hand. Wenn Sie etwas ganz Bestimmtes auswählen wollen, dann nehmen Sie Ihr Kind zu diesem Einkauf besser nicht mit. Sie brauchen nicht zu befürchten, dass es Ihrem Kind schadet, wenn es einige kitschige Dinge besitzt. Zur Geschmacksbildung tragen ja die gesamte Umgebung, die Art Ihrer Wohnungseinrichtung usw. bei.

Aber auch in anderen Entscheidungsfeldern sollten Sie Ihrem Kind oft freie Wahl lassen: zum Beispiel bei der Auswahl seiner Freunde. Das mag Ihnen gelegentlich schwer fallen, wenn Sie ein bestimmtes Kind ablehnen. Vielleicht verhält es sich zu aggressiv, zu schüchtern oder einfach ungewohnt. Versuchen Sie dann, dem anderen Kind entgegenzukommen, anstatt die Freundschaft zu stören. Laden Sie es mit zum Essen ein, unternehmen Sie etwas mit beiden Kindern und unterhalten Sie sich mit dem anderen Kind. Wenn Sie dabei tatsächlich unerwünschte Verhaltensweisen an ihm feststellen, können Sie immer noch versuchen, es etwas in Ihrem Sinn zu beeinflussen. In Ausnahmefällen müssen Sie allerdings vielleicht auch Ihr Kind einmal auf das

Fehlverhalten des anderen Kindes hinweisen, um so eine negative Beeinflussung zu vermeiden.

◼ Ziel: Wünsche nach Zärtlichkeit zeigen und sie bei den Eltern zu befriedigen suchen.

Ihr Kind erlebt die Eltern immer noch als die wichtigsten Vertrauenspersonen, zu denen es stets mit seinen Sorgen und Wünschen kommen kann und bei denen es immer Verständnis findet.
Die Bereitschaft Ihrerseits, ständig für Ihr Kind da zu sein, können Sie nicht nur durch Handlungen zeigen, sondern auch durch Zärtlichkeiten. Natürlich sollten Sie ihm

Zärtlichkeiten nicht aufdrängen. Die Geborgenheit zu Hause, zu der unbedingt die Zärtlichkeit gehört, gibt ihm auch jetzt noch den Mut, draußen gefährliche Abenteuer zu bestehen.

◼ Ziel: Verhaltensweisen wie Rücksicht, Vorsorge sowie Gefühle wie Mitleid und Verständnis weiterentwickeln.

Sie sollten sich jetzt überlegen, ob Sie Ihrem Kind ein Tier schenken können. Von der Wohnsituation hängt es ab, ob sich dafür eher ein kleines Käfigtier oder ein Hund, eine Katze oder ein Kaninchen eignet.

Sie machen Ihrem Kind in jedem Fall eine besondere Freude: Bei größeren Tieren wie Hund oder Katze besteht weniger die Gefahr, dass Ihr Kind zu grob und unachtsam hantiert. Dagegen können ein Hamster oder ein Meerschweinchen eingehen, wenn sie einmal aus größerer Höhe herunterfallen oder auf andere Weise (ungewollt) misshandelt werden.

Vor Ihrer positiven Entscheidung für ein Tier müssen Sie einschätzen, ob Ihr Kind mindestens begrenzte Verantwortung für das Wohlergehen des Tieres übernehmen wird. Schädigungen des Tieres sollten unbedingt verhindert werden. Die Regeln der artgerechten Haltung und zum richtigen Umgang mit dem Tier muss Ihr Kind als wichtige Voraussetzungen anerkennen. Die Sauberhaltung des Tieres werden Sie vorerst noch weitgehend selbst übernehmen müssen. Ihr Kind sollte aber zumindest gelegentlich mithelfen und das Tier auch unter Ihrer Anleitung füttern. In den nächsten Jahren kann Ihr Kind dann die Pflege mehr und mehr allein übernehmen.

Kindergruppen regen das soziale Verhalten an

Grundlegende Anregungen

◙ Ziel: Im Kontakt mit Kindergruppen soziale Verhaltensweisen aneignen.

Neben der Familie braucht Ihr Kind vermehrt Kontakt mit gleichaltrigen Kindern. In ihrer Gesellschaft, vor allem auch im Kindergarten eignet es sich viele Einstellungen und Verhaltensweisen an, die für sein weiteres Leben wichtig sind.
In den ersten Lebensjahren hat Ihr Kind in der Familie (Primärgruppe) die Bedeutung einer Bezugsperson erfahren, die alles für es getan hat. Mit der fürsorglichen Betreuung haben die Eltern dem Kind auch ein umfassendes Vorbild für grundlegende, sozial motivierte Verhaltensweisen gegeben: Hilfsbereitschaft, Liebe und Zärtlichkeit, Sorge für das körperliche und psychische Wohl. Das Kind wurde zu sinnvollem Lernverhalten angeleitet und

erhielt ein Angebot wichtiger Lernerfahrungen und -inhalte. In der Gruppe Gleichaltriger wird es vermehrt die im Folgenden aufgeführten Verhaltensweisen entwickeln.

Kommunikationsfähigkeit und -bereitschaft

Dazu gehören: Aufmerksamkeit schenken, Zuhören, Reflektieren der Äußerungen und Stellungnahme dazu; das Austauschen von Meinungen, Ansichten, Vorschlägen und Bewertungen zu Äußerungen anderer, wechselnder Gruppenmitglieder; Begründung der Ansichten, Vertiefung und Erweiterung von Vorschlägen hinsichtlich bestimmter Vorhaben.
Alle diese Kommunikationsakte finden auf freiwilliger Basis statt. Die Initiative zur Kommunikation geht häufig vom Kind aus. Es übt damit Selbständigkeit, das Eintreten für eigene Interessen und Ansichten – denen andere auch widersprechen, wenn die geäußerte Meinung oder

der Plan fragwürdig erscheinen. Seine Kreativität nimmt zu, wenn ihm zur Entfaltung Möglichkeiten eingeräumt werden.

Auch den Aktionsradius bestimmt das Kind nun weitgehend selbst. Es entscheidet, wann es an den Aktionen der anderen teilnimmt und wann es sich zurückzieht.

Kooperation

Viele Gruppenaktivitäten erfordern es, dass die Kinder ihr Verhalten aufeinander abstimmen. Dies gilt auch, wenn nur zwei Kinder miteinander spielen. Je umfangreicher das gesetzte Ziel ist und je kooperativer die Kinder handeln, desto mehr Erfolge werden sichtbar.

Kooperation setzt voraus, dass die Kommunikationsfähigkeit gut entwickelt ist. Sie verlangt ferner, dass gemeinsame Ziele akzeptiert werden, dass sich die Gruppenmitglieder an Teilaufgaben beteiligen, dass die unterschiedlichen Beiträge zu der Gesamtleistung nicht zu Streitigkeiten führen und dass die eigenen Wünsche möglicherweise teilweise oder befristet zurückgestellt werden.

Spannungen und Konflikte müssen so ausgetragen werden, dass die Gruppe nicht auseinander bricht oder Einzelne unterdrückt werden.

Erwachsene sollten bei gruppenbezogenen Aktivitäten nur in Notfällen eingreifen, zum Beispiel dann, wenn mehrere Kinder allzu lange zusammenstehen, ohne sich auf eine gemeinsame, befriedigende Beschäftigung einigen zu können. Anregungen und Anleitungen seitens Erwachsener zu erhalten, sind vor allem Gruppen in Kindergärten und -tagesstätten gewohnt. Anders ist es bei eher zufälligen Gruppierungen auf Straßen und an anderen Treffpunkten, wobei Erwachsene in der Regel nicht beteiligt sind. Dort kommen unter Umständen dann die Kinder zu kurz, die sich weniger gut (oder lautstark) artikulieren können.

Solidarität

Alle Ergebnisse der Sozialisationsforschung legen nahe, dass der Mensch die Normen der Gesellschaft und der Gesellschaftsschicht übernimmt, in der er aufgewachsen ist. Jede gesellschaftliche Gruppierung hat jedoch ihre eigenen Normen. Das bedeutet, dass der Spielraum möglicher menschlicher Verhaltensweisen außerordentlich groß ist und sich jeweils nach den Bedürfnissen richtet.

In Zukunft scheint die westliche Industriegesellschaft vermehrt solidarisches Verhalten von ihren Mitgliedern zu erwarten und zu benötigen. Die gegenseitige Abhängigkeit der Menschen wird voraussichtlich weiter stark zunehmen. Das macht es erforderlich, dass die Einzelperson nicht mehr den maximalen Vorteil aus jeder sich bietenden Gelegenheit zieht, sondern auch die damit verbundenen Belastungen für andere Menschen einkalkuliert. Nur dann kann man zunehmend damit rechnen, dass auch die eigenen Belange weitgehend von der Gesellschaft berücksichtigt werden. Solidarität zwischen den Menschen ist insofern ein aktuelles und vorrangiges Erziehungsziel. Ihr Kind wird sie in seinem weiteren Leben dringend benötigen.

■ Ziel: Möglichkeiten zu kooperativem und solidarischem Verhalten nutzen.

Im Folgenden sind Beispiele angeführt, die einer Gruppe von Kindern die Möglichkeit zu kooperativem und solidarischem Verhalten geben. Die Aufgabe der Erwachsenen besteht darin, Gruppenaktivitäten zu fördern, möglichst aufrechtzuerhalten und mittels Informationen oder Material Hilfestellung zu leisten. Ansonsten sollten sich die Erwachsenen möglichst zurückhalten, um die Kinder zu maximaler Eigeninitiative für kleinere und größere Projekte anzuregen:

– Zum Spielen (in den Wohnungen mehrerer beteiligter Familien) sollte jeder Spielsachen mitbringen und sie auch anderen Kindern leihen.
– Mehrere Kinder können Taschengeld zusammenlegen, um Gemeinschaftseigentum zu erwerben – einen großen Ball, einen Drachen usw.
– Interessante Gruppenspiele, die Kinder im Kindergarten lernen, können auch selbst organisiert in der Wohngegend durchgeführt werden.
– Mehrere Freunde können jeweils ihre kranken Spielkameraden besuchen, wenn keine Ansteckungsgefahr besteht.

– Kinder suchen gemeinsam die weitere Umgebung auf, suchen und nutzen neue Spielmöglichkeiten. Sie sollten allerdings auch darüber informiert sein, wo das Spielen gefährlich ist.
– Auf Abenteuer-Spielplätzen können Kinder gemeinsam eine Hütte bauen, die Aufgaben untereinander verteilen (Wer kann am besten mit dem Hammer umgehen? Wer besorgt die Bretter? usw.), gemeinsam eine Wand bemalen, einen Bach aufstauen usw.

■ Ziel: Verhaltensregeln in anderen Familien kennen lernen und akzeptieren.

Sicher spielt Ihr Kind manchmal bei seinen Freunden zu Hause. Dabei lernt es Erziehungsstile und Gepflogenheiten kennen, die seinen Erfahrungsbereich erweitern. Sprechen Sie mit den betreffenden Eltern über die Vorteile, die das mit sich bringt. Vielleicht können Sie die andere Familie auch überzeugen, dass gegenseitige Ganztagsbesuche recht nützlich für die Kinder sind. Damit wird der Einblick in einen anderen Lebensbereich wesentlich deutlicher als in zwei oder drei Nachmittagsstunden. Etwa zweimal im Jahr könnte Ihr Kind jetzt auch einige Tage bei guten Freunden oder Verwandten bleiben und übernachten; natürlich nur, wenn es gern dort ist. Wenn es Einwände hat, sollten Sie darauf verzichten.

⊡ Ziel: Fremden gegenüber zurückhaltend sein und nicht mit ihnen gehen.

In psychologischen Untersuchungen ist festgestellt worden, dass nach einem Sexualdelikt das betroffene Kind nicht nur unter der eigentlichen Tat zu leiden hat, sondern dass es auch durch die Fragen der Polizei und vor Gericht ganz erheblich zusätzlich belastet wird. Um Ihr Kind vor den schlimmen Erfahrungen sexuellen Missbrauchs und den Folgen zu schützen, müssen Sie ihm folgende Regeln einschärfen:
– Es darf sich nicht zu weit vom Wohnbereich entfernen, vor allem nicht abends.
– Es darf nie mit Fremden mitgehen, ohne dass die Eltern zugestimmt haben. Es darf auch nicht und aus keinerlei Gründen je zu Fremden ins Auto steigen.
– Es soll sich durch keine Versprechungen zu irgendwelchen Handlungen verleiten lassen (Schokolade, Spielzeug, Tiere usw.) und darf sich von Fremden auch nicht durch angebliche Schreckensnachrichten («Dein Vater hatte einen Unfall, ich bringe dich zu ihm ins Krankenhaus» oder Ähnliches) überreden lassen. Dazu gehört, dass Ihr Kind im Laufe der Zeit von Ihnen gehört und gelernt hat, dass der eigene Körper selbstbestimmt sein soll und nur bei tatsächlichem Einverständnis und Zustimmung von anderen angefasst werden darf, womit sowohl zudringliche Zärtlichkeiten als auch möglicher sexueller Missbrauch vom Kind als unrechtmäßig und unerwünscht erkannt werden; das bedeutet übrigens auch, dass Körperstrafen ein absolutes Tabu sind!

Sprechen Sie mit Ihrem Kind in Abständen wiederholt und eindringlich – mit Begründungen – über die Notwendigkeit von Vorsichtsmaßnahmen. Erklären Sie ihm die Ziele möglicher Täter, ohne dass Ihr Kind dadurch sexuell gehemmt wird. Die notwendige Prophylaxe dient dem Schutz Ihres Kindes – sie ist in der Praxis allerdings sehr schwierig durchzuführen. Der Grat zwischen den Verhaltensweisen, ein Kind unnötig zu ängstigen und es zu wenig eindringlich auf Gefahren hinzuweisen, ist außerordentlich schmal.

Spezielle Fragen und Probleme

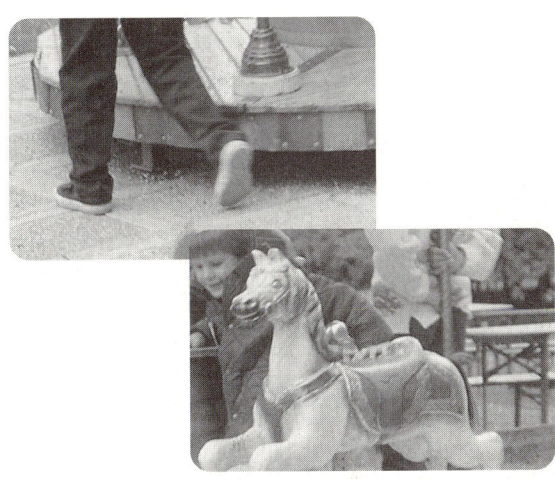

In den vergangenen Jahrzehnten sind verschiedene Ansätze erkennbar geworden, Kindern in unserer Gesellschaft endlich gebührend Raum und Ausstattung zur Verfügung zu stellen. Spielplätze mit kindgeeigneten Geräten sind allerdings nur ein kleiner Ansatz zu einer wahrhaftig kinderfreundlichen Gesellschaft.

Rat und Hilfe für besondere Situationen

Obwohl in der «Elternbuch»-Reihe Informationen und Anregungen zu vielen Problemen angeboten werden, sind Sie unter Umständen doch auf spezielle Hilfen angewiesen. Die nachfolgenden Beratungs- und Auskunftsstellen, Behandlungszentren und besonderen Einrichtungen oder Institutionen können Sie telefonisch um Rat bitten bzw. persönlich aufsuchen.

Was tun bei Krankheiten?

Hausarzt

Der Hausarzt, in der Regel Facharzt für Allgemeinmedizin, kennt nach einiger Zeit die gesamte Familie, kann die übliche Ernährungsweise, Art der Belastungen und Anfälligkeiten für bestimmte Krankheiten usw. zuverlässig einschätzen und bei Diagnose und Therapie berücksichtigen. Wenn es die Situation erfordert, wird er Ihr Kind zu einem Spezialisten überweisen.

Kinderarzt

Ein Kinderarzt hat selbstverständlich mehr Erfahrungen und einen besseren Vergleichsmaßstab für Kinder als der Allgemeinmediziner, dazu eine spezielle Ausbildung. Sein Wartezimmer ist in der Regel besonders kinderfreundlich eingerichtet. Kinder finden dort gleichaltrige Patienten – ein Trost, wenn sie trotz ausführlicher Vorinformation Angst haben.

Facharzt

Ein Spezialist, zum Beispiel für Hals-, Nasen- und Ohrenkrankheiten, hat auf seinem Gebiet die umfangreichste Erfahrung und auch die geeigneten Untersuchungs- und Behandlungsgeräte. Deshalb ist Ihr Kind bei entsprechenden Beschwerden dort in den besten Händen.

Klinik bzw. das Krankenhaus

Das Krankenhaus ist bei schwerwiegenden Krankheiten, insbesondere Operationen, der geeignete Behandlungsort mit einer Tag- und Nacht-Überwachung, jederzeit verfügbarem ärztlichen Personal sowie einem technischen Apparat, der in der Praxis eines niedergelassenen Arztes in der Regel kaum zur Verfügung stehen kann. Allerdings gibt es auch Praxisgemeinschaften mit höchstem medizinisch-technischem Standard, oft spezialisiert für Behandlungen und Eingriffe, die ambulant durchgeführt werden können.

Gesundheitsamt

Gesundheitsämter bieten Ihnen Auskünfte, persönliche Beratung und Betreuung (bezogen auf einzelne Bevölkerungsgruppen, z. B. Säuglinge, Kinder, Jugendliche, Mütter, Schwangere, Behinderte, psychisch Kranke usw.), Informationen durch Broschüren und Faltblätter, z. B. über Impfungen, Impftermine, Krankheitsprophylaxe, Operationsmöglichkeiten, Blutgruppen, spezielle Ernährungsfragen usw. Sie können dort auch einen Gesundheitspass erhalten, um Impftermine, besondere Krankheiten und Hinweise auf ärztliche Notdienste eintragen zu lassen. Das kann nach einem Unfall lebensrettend für Ihr Kind sein.
Gegebenenfalls beraten die Mitarbeiter der Gesundheitsämter auch über spezielle Fördermöglichkeiten und Therapien für behinderte oder von Behinderung bedrohte Kinder sowie Spezialdienste oder Einrichtungen.

Erziehungsprobleme, Verhaltensauffälligkeiten und -störungen

Erziehungsberatungsstellen und ähnliche Einrichtungen

Erziehungs- oder Familienberatungsstellen (teilweise unter anderem Namen: Familientherapeutische Beratungsstelle, Eheberatungsstelle, Praxis für Familien- und Lebensberatung usw.) helfen Kindern, Jugendlichen, Eltern und anderen Erziehungsberechtigten bei individuellen und familienbezogenen Problemen, die psychisch bedingt sind: Bei bestimmten Störungen arbeiten diese Beratungsstellen mit Fachärzten zusammen (z. B. Kinderärzten und Neurologen). Sind die Schwierigkeiten eindeutig psychischer Art, helfen Fachkräfte der Psychologie, Sozialpädagogik, Psychagogik, Verhaltenstherapie oder Kinderpsychotherapie mit ihren verschiedenen therapeutischen Methoden weiter: Spieltherapie, Verhaltenstherapie, Gruppentherapie und Beratungen kommen dafür besonders in Frage.

Da Erziehungsschwierigkeiten, Verhaltensauffälligkeiten und -störungen nur in Ausnahmefällen mit einer Betreuung und Behandlung des Kindes allein zu bessern sind (sie sind überwiegend durch Eltern, Kind/er und durch die spezifische Situation der Familie insgesamt bedingt), werden möglichst auch die Eltern mit in die Behandlung einbezogen. Oft hängt der Erfolg einer Therapie weitgehend vom Mitwirken und der Mithilfe der Eltern ab.

> Die Klienten genießen einen hohen Vertrauensschutz: Mitarbeiter der Erziehungsberatungsstellen sind zur Geheimhaltung verpflichtet und haben ein Zeugnisverweigerungsrecht.

Zeitweilige oder ständige Fremdbetreuung

Kindergarten

Der Kindergarten bietet die größte Auswahl von Plätzen für die außerfamiliäre Betreuung, Erziehung und Bildung drei- bis sechsjähriger Kinder. Diese Form der Betreuung ist mittlerweile zum Normalfall der außerfamiliären Betreuung geworden, sie muss an dieser Stelle nicht genauer besprochen werden (vgl. auch Elternbuch 4). Etwa 75 bis 100 Prozent schon der dreijährigen Kinder können je nach Bundesland einen Platz bekommen. Ein Mangel an Plätzen ist vor allem auf dem Land und in manchen Großstädten gegeben, ausländische Kinder und Randgruppen der Gesellschaft (zum Beispiel Kinder aus Obdachlosensiedlungen, Asylantenkinder) besuchen den Kindergarten bislang noch unterdurchschnittlich häufig. Allerdings können nur ca. 15 Prozent der Kinder im Kindergarten (in der Kindertagesstätte bzw. Kindertageseinrichtung: die Bezeichnungen sind nicht in allen Bundesländern einheitlich) ein Mittagessen bekommen.

Der Beitrag, den die Eltern zur Finanzierung leisten, ist unterschiedlich hoch, er ist vielfach auch vom monatlichen Einkommen der Eltern abhängig.

Tagespflege

Tagespflege-Stellen bieten Hilfe für die Betreuung, Erziehung und Förderung des Kindes an: Tagesmütter nehmen Kinder tagsüber in die eigene Wohnung auf (meist zwei bis vier Kinder), oder sie nutzen dafür die Wohnung einer beteiligten Familie und ermöglichen damit zum Beispiel die Berufstätigkeit mehrerer Mütter.

Die Tagespflege kann, das hat ein umfangreiches Projekt des Deutschen Jugendinstituts e. V. in München nachgewiesen, für Kinder und

Eltern eine wirkungsvolle Hilfe sein, Beruf und Familie vereinbar zu machen. Die Pflege ist in aller Regel sehr individuell (kleine Kindergruppe), sie kann sich den Bedürfnissen der Eltern meistens flexibel anpassen (Bring- und Abholzeiten, Art der Betreuung). Tagesmütter sind oft besonders engagierte Betreuerinnen. Soweit sie ausreichend Fortbildungen absolvieren, ist diese Form der Betreuung eine gute Alternative zur Kinderkrippe. Ein Nachteil besteht darin, dass die Kontinuität der Betreuung nicht voll gesichert ist. Es gibt immer wieder Gründe, wegen der Tagesmütter ihre Aufgabe unterbrechen oder beenden müssen oder wollen (zum Beispiel Krankheit, familiäre Gründe wie eigene Schwangerschaft, Umzug oder Wechsel in lukrativere Berufe usw.) – für die Eltern ein meist ebenso großes Problem wie für das Kind. Es muss sich unter Umständen an eine andere Betreuerin gewöhnen und verliert vielleicht die gewohnte Kindergruppe.

Diese Form der Betreuung für Kinder unter drei Jahren wird gegenwärtig von staatlichen Stellen und den Trägern der freien Wohlfahrtspflege besonders gefördert, weil sie billiger ist als der Vorhalt eines Krippenplatzes. Die Eltern bezahlen im Monat ca. 300–400 Euro für ein Kind. Ein Krippenplatz ist demgegenüber wesentlich teurer: Er kostet die öffentliche und freie Jugendhilfe (zum Beispiel im Jahr 1999) monatlich ca. 900–1200 Euro. Dies dürfte wohl der wesentliche Grund für die Präferenz des Staates für die Tagespflege sein!

Spielkreise und Eltern-Kind-Gruppen

Private Vereine und Elterninitiativen bieten ersatzweise für den Kindergarten Spielkreise, Mutter-Kind-Kurse, Mutter-Kind-Turnen, Mini-Kurse usw. an, die Mütter und Väter stundenweise entlasten und für alle beteiligten Kinder wichtige soziale Erfahrungen ermöglichen. Adressen von Initiativen in Ihrer Nähe erhalten sie über die Gemeinde, das Jugendamt, das Sozialamt, die kirchlichen Gemeinden, über Kindergartenleiterinnen, die Grundschule in Ihrer Nähe, andere Eltern oder auch über ein (Zeitungs-)Inserat.

Kinderheim

Kinderheime, die Kinder schon kurz nach der Geburt aufnehmen, wenn die Eltern wegen eigener Erkrankung oder aus anderen Gründen zeitweilig die Betreuung nicht übernehmen können, versorgen zwar die aufgenommenen Kinder nach medizinischen Gesichtspunkten einwandfrei, können jedoch das

Kind oft nicht ausreichend in allen Lern- und Erlebnisbereichen, insbesondere im emotionalen und im sozialen Bereich, fördern. Dazu ist der Personalschlüssel, also die Anzahl der zur Verfügung stehenden Betreuer im Verhältnis zur Anzahl der Kinder, in der Regel allzu knapp bemessen. Wissenschaftler haben deshalb die These aufgestellt, dass eine ungünstige Familiensituation oft noch besser für ein Kind sei, als im Heim aufzuwachsen.

Hilfen durch den Staat, die Kommunen oder freie Träger

Für Familien und Kinder stellen im Bedarfsfall drei besonders wichtige staatliche Einrichtungen spezielle Hilfen bereit: Jugendämter, Sozialämter und Arbeitsämter.

Jugendamt

Nach dem Sozialgesetzbuch, Achtes Buch (Kinder- und Jugendhilfe), haben die Jugendämter die Aufgabe, «... dass die zur Erfüllung der Aufgaben nach diesem Buch erforderlichen und geeigneten Einrichtungen, Dienste und Veranstaltungen den verschiedenen Grundrichtungen der Erziehung entsprechend rechtzeitig und ausreichend zur Verfügung stehen ...» § 79, (2). Aufgaben sind nach § 2:

– Angebote der Jugendarbeit, der Jugendsozialarbeit und des erzieherischen Kinder- und Jugendschutzes,
– Angebote zur Förderung der Erziehung in der Familie,
– Angebote zur Förderung von Kindern in Tageseinrichtungen und Tagespflege,
– Hilfe zur Erziehung und ergänzende Leistungen,
– Hilfe für seelisch behinderte Kinder und Jugendliche und ergänzende Leistungen,
– Hilfe für junge Volljährige und Nachbetreuung.

Zu den besonderen Aufgaben der Jugendhilfe zählen u. a. die Inobhutnahme von Kindern und Jugendlichen, Erteilung, Widerruf und Zurücknahme der Pflegeerlaubnis, die Mitwirkung in den Verfahren vor den Vormundschafts- und Familiengerichten sowie die Mitwirkung bei Adoptionsverfahren.

Konsequenz daraus ist u. a., dass die örtlichen Jugendämter Leistungen und Aufgaben, die freie Träger nicht übernehmen, in eigener Regie bewältigen müssen.
Bei einzelnen Paragraphen gilt ein so genannter Landesrechtsvorbehalt, d. h., dass ein Bundesland das entsprechende Recht in eigener Zu-

ständigkeit ausgestalten kann. Beispiel: In Bayern ist der Kindergarten dem Bildungsbereich zugeschrieben, sonst den Sozial- und Arbeitsministerien.

Die Träger der öffentlichen Jugendhilfe sollen mit den Trägern der freien Jugendhilfe (Deutscher Caritasverband, Diakonisches Werk, Arbeiterwohlfahrt, Deutscher Paritätischer Wohlfahrtsverband, Deutsches Rotes Kreuz und die Zentralwohlfahrtsstelle der Juden in Deutschland) im Bereich der Leistungen kooperieren, bei den besonderen Aufgaben ist im Einzelnen festgelegt, ob freie Träger beteiligt werden.

Besonders wichtig sind im Einzelfall die Maßnahmen des Jugendamts, die die Hilfe zur Erziehung betreffen. Es kann das Kind (oder den Jugendlichen) in dessen Interesse durch einen Erziehungsbeistand oder Betreuungshelfer unterstützen oder sozialpädagogische Familienhilfe, Erziehung in einer Tagesgruppe, die Vollzeit-Erziehung des Kindes in einer anderen Familie oder in einem Heim vorschlagen, oder es kann, wenn die Eltern nicht von sich aus die Initiative ergreifen, über das Vormundschaftsgericht eine zwangsweise Erziehung durchsetzen. Diese Maßnahmen können rückgängig gemacht werden, wenn die Voraussetzungen für eine normale Erziehung in der leiblichen Familie nachgewiesen werden.

> ! Das Jugendamt ist verpflichtet, die Erziehungssituation eines Kindes zu überprüfen, wenn wegen Kindesmisshandlung Anzeige (zum Beispiel durch Nachbarn oder Bekannte) erstattet wird. Praktisch ist das leider noch viel zu selten der Fall. Nachbarn und Bekannte befürchten, dass sich Misshandlungen nicht nachweisen lassen, scheuen die vielleicht damit verbundenen Auseinandersetzungen mit der betreffenden Familie und machen sich auf diese Weise mitschuldig am fortgesetzten Leiden eines Kindes.

Sozialamt

Sozialämter sind nach dem Bundessozialhilfegesetz verpflichtet, Hilfe zu Lebensunterhalt und in besonderen Lebenslagen zu gewähren, wenn eine Familie oder ein allein stehender Elternteil in erhebliche finanzielle Not geraten. Die Hilfen werden letztlich nachrangig gewährt (also nur, wenn keine Verwandten in so genannter gerader Linie leistungsverpflichtet sind) und müssen grundsätzlich nicht zurückgezahlt werden. Maßgeblich für die finanziellen Leistungen sind Regelsätze (abhängig von der Anzahl der Familienmitglieder, dem

Alter, eventuellen sonstigen Einkommensquellen usw.).

Hilfen zum Lebensunterhalt schließen laufende und einmalige Leistungen für Ernährung, Unterkunft, Kleidung, Hausrat und persönliche Bedürfnisse ein, zuzüglich Mehrbedarfsleistungen für bestimmte Personen (zum Beispiel ältere Menschen). Einmalige Leistungen werden gegebenenfalls gewährt für Bekleidung, Möbel, Schulbedarf, Umzugskosten, Heizung und Weihnachtshilfen. Das eigene Vermögen des Antragstellers muss nach bestimmten Kriterien eingesetzt werden.

Die Hilfen in besonderen Lebenslagen beziehen sich vor allem auf vorbeugende Gesundheitshilfe, Pflege- und Haushaltshilfe, Familienerholung (auf dem Bauernhof), Haus-Notruf, Krankenbetreuung, Erhaltung und Aufbau der Lebensgrundlage, Zahnersatz, Ausbildung, Winterbeihilfe usw.

Arbeitsamt

Von der Familienkasse des Arbeitsamtes erhält die Familie seit 2003 für das erste, zweite und dritte Kind 157,– Euro, für das vierte und weitere Kinder 179,– Euro ausgezahlt. Stattdessen den Kinderfreibetrag von 3648,– Euro pro Kind in Anspruch zu nehmen, lohnt sich nur für Eltern mit hohem Einkommen.

Weiterbildung für Eltern in Erziehungsfragen

Die Möglichkeiten, sich auf die Elternschaft und Erziehungsaufgabe umfassend und systematisch vorzubereiten, sind eingeschränkt, die Angebote offizieller Stellen kaum mehr als ein Tropfen auf den heißen Stein. Im allgemein bildenden Schulwesen fehlt das Fach Erziehungskunde noch weitgehend. Einen Ersatz an entsprechenden Fortbildungsangeboten bieten die nachfolgend aufgeführten Institutionen.

Volkshochschulen und Familienbildungsstätten

Volkshochschulen wie auch Familienbildungsstätten bieten in vielen Städten einzelne Vortragsveranstaltungen, Seminare und Kurse für Mütter und Väter an. Eltern werden dort mit aktuellen Problemsituationen der Kindererziehung und allgemein partnerschaftlicher Erziehung vertraut gemacht. Sie sollen dabei,

oft in Aussprache und Diskussion mit dem Kursleiter sowie im Erfahrungsaustausch mit anderen Eltern, die eigenen Erziehungsverhaltensweisen reflektieren, neue, psychologisch und pädagogisch fundierte Verhaltensweisen erwerben, gegebenenfalls Einsicht in eigene Fehlverhaltensweisen erhalten und lernen, diese abzubauen. Dass Eltern für solche Hilfen dankbar sind, beweist die Nachfrage nach diesen Kursen und Seminaren.

Die Programme vieler Volkshochschulen und Familienbildungsstätten bieten die verschiedensten Veranstaltungen (auch am Wochenende), zum Beispiel zu folgenden Themen:

Als Einzelveranstaltungen: Wie schütze ich mein Kind vor (sexuellem) Missbrauch? Verändern Gewaltszenen unsere Kinder? Erste Hilfe am Kind; Selbstverteidigung für Mädchen; Erziehung – eine

Herausforderung für Eltern; Körpersprache von Kindern; Entwicklung des kindlichen Spiels; Lieben – kuscheln – schmusen; Vollwerternährung für Kinder; Naturheilverfahren; Krisen und Konflikte lösen; Grenzen setzen; Bedeutung der Kreativität für die Erziehung; Erziehung und Förderung verhaltensauffälliger oder -gestörter Kinder; Spiele für behinderte Kinder und deren Eltern usw.

Mehrtägige Seminare (ggf. Blockseminare): Miteinander leben – Partnerschaft von Männern und Frauen; Zurück in die Berufstätigkeit; Ausgleichsgymnastik; Feldenkraismethode; Yoga für Mütter; Gordon-Familientraining; Tanztherapie usw.

Sonstige Angebote: Feste und Aktionen in der Familie planen; Kultur für Kinder; Mini-Clubs für Mütter und Väter mit ihren Kindern; Reisen und Seminare usw.

Angebote der Jugendämter

Auch die Jugendämter stehen den Eltern bei Erziehungsproblemen zur Seite. In einigen Städten und Landkreisen werden Informationsschriften, «Elternbriefe» genannt, nach der Geburt bis zum Schuleintritt kostenlos zugeschickt, im ersten Lebensjahr noch besonders viele, in den weiteren Lebensjahren mit abnehmender Tendenz. Darüber hinaus haben viele Jugendämter in der Bundesrepublik Familien- und Erziehungsberatungsstellen eingerichtet, die individuell helfen. Der Weg zu diesen Beratungsstellen ist mittlerweile für viele Eltern bei besonderen Problemen selbstverständlich geworden. Immerhin sind – nach Schätzungen von Experten – etwa 15 bis 18 Prozent der Kinder in der Bundesrepublik Deutschland verhaltensauffällig, ca. zwei bis drei Prozent sind verhaltensgestört oder behindert.

Die Beratungsstellen haben in der Regel mit einem Problem zu kämpfen: Es fehlt ihnen häufig an Mitarbeitern – Ärzten, Psychologen und Sozialpädagogen. Deshalb gibt es manchmal Wartezeiten bis zu einem ersten Termin. Bei aktuellen Problemen, zum Beispiel Kindesmisshandlung, wird allerdings innerhalb von 24 Stunden ein erstes Gespräch ermöglicht.

Freie Wohlfahrtspflege

«Mütterschulen» der Wohlfahrtsverbände gibt es in vielen Städten und Gemeinden. Ihr Programm umfasst Säuglingspflege, Erzie-

hungsgespräche, Näh- und Koch-
kurse ebenso wie Kursangebote zu
allgemeinen Lebensfragen, Schwierigkeiten im Vorschulalter oder familiären Problemen.

In den «Mütterschulen» sind vielfach auch die Väter willkommen.
Außerdem veranstalten die Mütterschulen regelmäßig Eltern- und
Aussprachabende zu Einzelthemen
(vgl. oben: Themen der Volkshochschulen und Familienbildungsstätten).

Rundfunk und Fernsehen

Das Angebot in Hörfunk und Fernsehen ist eher gering, in der Regel
auch nicht systematisch aufgebaut.
Gelegentlich findet sich in einzelnen Programmen jedoch der eine
oder andere aktuelle Beitrag, oft
nicht eigens thematisch im Pro-
grammheft ausgedruckt (und rechtzeitig erkennbar), sondern einge-
streut in eine andere Sendung (z. B.
Anregungen zur Kinderbetreuung
im «Vormittagsmagazin» usw.).

Selbsthilfe der Eltern

Vielfach schließen sich Eltern in
Initiativgruppen zusammen und
suchen so nach Problemlösungen.
Zielsetzungen sind dabei u. a.:

– Bereitstellen eines dem Kindergarten vergleichbaren, eigenstän-
digen Betreuungs-, Erziehungs-
und Bildungsangebots für
Kinder, das unabhängig ist von
Einflüssen des Staates oder der
großen Trägerorganisationen,
mit kleinerer Platzzahl pro
Gruppe als in der Regel-Tages-
einrichtung;
– Verbesserung der eigenen Lebenssituation angesichts der
Doppelbelastung durch Familie
und Beruf;
– Aufbau von Kontakten zu anderen Eltern (besonders unter Müttern) und Erfahrungsaustausch
mit anderen Eltern in Erziehungsfragen;
– Gründung von Tauschringen
zwecks sozialem Kontakt, günsti-
gem Erwerb benötigter Gegenstände oder von Dienstleistun-
gen.

Während des Treffens der Eltern
muss eine Form der Kinderbetreuung organisiert werden, denn nur
ausnahmsweise sollten die Kinder
bei diesen Diskussionen beteiligt
sein: Das Sprechen über sie in ihrer
Gegenwart stiftet unter Umständen
größere Schwierigkeiten oder hindert die Eltern an einer offenen
Aussprache. Das schließt nicht aus,
dass Kinder ebenfalls zu einigen
Problemen Stellung nehmen

können; oft führt das sogar zu überraschend guten Vorschlägen. Schwieriger ist die Situation meist für die Eltern, die mit ihrem Verhalten unter Umständen zur Zielscheibe von Kritik werden und diese Probleme nur schwer lösen können. In diesem Fall ist der Weg zu einer Familien- oder Erziehungsberatungsstelle oft sinnvoller.

Wenn Sie eine länger währende Initiative oder einen Verein gründen wollen, können Sie sich bei den Freien Wohlfahrtsverbänden Auskunft und Rat holen. Insbesondere der Deutsche Paritätische Wohlfahrtsverband hat sehr viele angeschlossene kleinere Vereine und kann deshalb sowohl verschiedene schriftliche Informationen weitergeben als auch Kontakte zu anderen Personen und Initiativen vermitteln.

Das behinderte Kind
in unserer Gesellschaft

Viele werdende Eltern in der Bundesrepublik Deutschland fürchten bis zur Stunde der Geburt, ein behindertes Kind zu bekommen. – Sie haben Angst davor, dass bestimmte Behinderungsarten bei den Untersuchungen während der Schwangerschaft nicht erkannt wurden oder dass eine Behinderung während der Geburt eintritt. Für etwa zwei Prozent von ihnen wird diese Befürchtung zur Realität. Therapeutische Maßnahmen können, insbesondere wenn sie baldmöglichst in einem neonatologischen Zentrum (Neugeborenen-Fachklinik) erfolgen, diese Behinderungen teilweise auffangen. Viele Kinder bleiben dennoch anders als die gesunden und fordern unter Umständen ein unerwartet hohes Maß an persönlichem Einsatz und Fürsorge. Für Kinder mit besonderem Förderungsbedarf (eine Benennung, die sich gegenüber «Kind mit Behinderung» durchsetzen sollte) wird in unserer Gesellschaft noch immer zu wenig getan.

Von Geburt an werden behinderte Kinder diskriminiert, weil sie «anders als die anderen» sind und weil

Jedes Kind hat laut Kinder- und Jugendhilferecht (vgl. auch Bundessozialhilfegesetz) «... ein Recht auf Förderung seiner Entwicklung und auf Erziehung zu einer eigenverantwortlichen und gemeinschaftsfähigen Persönlichkeit» (KJHG 1, [1]). Das Gesetz sagt allerdings auch etwas über die Verantwortlichkeiten in diesem Zusammenhang: «Pflege und Erziehung der Kinder sind das natürliche Recht der Eltern und die zuvörderst ihnen obliegende Pflicht» (KJHG 1, [2]). Daraus lässt sich auch ableiten, dass Eltern bei dieser besonderen Aufgabe durch die öffentliche Hand unterstützt werden sollen.

Eine Untersuchung von A. Fries (1991) zu den Einstellungen gegenüber Behinderten hat unter anderem ergeben:

- Drei Viertel der Befragten wissen über die verschiedenen Arten von Körperbehinderungen nichts oder zu wenig.
- Bei Menschen mit höherem Kenntnisstand über Behinderungen kann weniger Kontaktunbehagen gegenüber behinderten Menschen festgestellt werden.
- Bei Frauen liegt der Kenntnisstand über Behinderungen deutlich höher als bei Männern.
- Der Kenntnisstand über Behinderungen ist insgesamt unabhängig vom Alter der Befragten.

sie erhöhte Anforderungen an ihre Mitmenschen stellen. Vielfach überwiegt die Unsicherheit, weil die Mehrheit der Gesellschaft keine Erfahrung im Umgang mit Behinderten hat. So weiß ein großer Bevölkerungsanteil nicht, wie er sich einem offensichtlich psychisch oder körperlich Geschädigten gegenüber benehmen soll.

Behinderte können weitaus mehr leisten, als ihnen die Umwelt zutraut. Doch ihre Ausbildungschancen stehen immer noch oft im krassen Gegensatz zu ihren Möglichkeiten und Begabungen.

Integrative Erziehung im Kindergarten

In fast allen Bundesländern sind Modellversuche durchgeführt worden, in denen die gemeinsame Erziehung und Förderung von behinderten und nichtbehinderten Kindern in Kindergärten und Kindertagesstätten praktiziert wurde. Damit sollte der Aussonderung behinderter oder von Behinderung bedrohter Kinder in der Gesellschaft entgegengewirkt werden, und die Eltern dieser Kinder sollten eine wesentliche Hilfestellung erhalten. Dadurch, dass behinderte Kinder mit anderen Kindern gemeinsam gefördert werden, bekommen die behinderten Kinder wesentlich mehr Anregungen: durch die anderen Kinder, durch die Erwachsenen (Erzieherinnen, Heilpädagoginnen usw.) und durch die verschiedenen Situationen, mit denen sie konfrontiert werden.

Die nichtbehinderten Kinder lernen ihrerseits bisher aus dem Blickwinkel verdrängte Kinder kennen, nehmen deren besondere Probleme wahr, erleben selbstverständlichen Umgang und Kontakt mit ihnen, wissen um deren Lernmöglichkeiten und besondere Fähigkeiten. Damit werden zugleich der Kenntnisstand, die Erziehungsmöglichkeiten und sozialen Verhaltensweisen bereichert und entwickelt.

Zwei Aspekte sind beim Ausbau der Hilfen für behinderte und von Behinderung bedrohte Kinder besonders zu beobachten:

Förderung von Kindern in integrativen Kindergruppen / Einrichtungen

Drei bis fünf Kinder mit besonderem Förderungsbedarf sind in einer Kindergruppe von insgesamt fünfzehn Kindern integriert. Dabei wird das übliche Personal einer Kindergruppe – zwei pädagogische Fachkräfte oder eine pädagogische Fachkraft und eine Hilfskraft – durch eine Heilpädagogin unterstützt. Spezielle sonderpädagogische Dienste arbeiten mit den förderungsbedürftigen Kindern im Kindergarten, oder die Kinder werden zu therapeutischen Zwecken zu den entsprechenden Einrichtungen gebracht. Für diese Formen der integrativen Erziehung gibt es gegenwärtig noch keine bundesweit geregelte Finanzierung.

Einzelintegration in einer Kindergruppe

Im Regelfall werden selten zwei bis fünf Kinder in einer integrativen Kindergruppe gefördert, vielmehr finden sich in einem Kindergarten oft nur ein bis zwei beeinträchtigte Kinder mit besonderem medizinischen, psychologischen und pädagogischen Förderungsbedarf.

Erzieherinnen mit intensiver Fortbildung und andere Fachkräfte nehmen dann die Aufgabe der zusätzlichen Förderung wahr.

Die Zusammenarbeit der speziellen Fachdienste mit den Regeleinrichtungen (vor allem Kindergarten) ist wesentlich verbessert worden, es fehlt allerdings hier immer noch an der richtigen Einschätzung der therapeutischen Möglichkeiten.

Weitere Ansätze zu Rat und Hilfe

Was können Eltern von behinderten Kindern unternehmen, die sich täglich bei Behörden, Ämtern, Ärzten, in der Straßenbahn und beim Einkaufen, auf Spielplätzen und in der Nachbarschaft besonderen Problemsituationen ausgesetzt fühlen? In fast allen größeren Städten gibt es Elterninitiativen, die sich damit auseinander setzen.

Hier erhalten Eltern weiterführende Hilfe:

– Bundesarbeitsgemeinschaft «Hilfe für Behinderte» (Tel. 02 11 – 31 00 60, Düsseldorf),
– Ärzte der Früherkennungs-Untersuchungen,
– Träger der öffentlichen und der freien Wohlfahrtspflege (katholische Caritas-Verbände, Vereine für Innere Mission, Diakonisches

Werk, Arbeiterwohlfahrt und Deutscher Paritätischer Wohlfahrtsverband),
– einzelne Förderorganisationen wie «Aktion Mensch e. V.» (Bonn, Tel. 02 28 – 2 09 20).

Auskünfte über solche Institutionen und Anschriften geben auch Stadtverwaltungen, Jugendämter oder die zuständigen Rathausverwaltungen und Landratsämter.

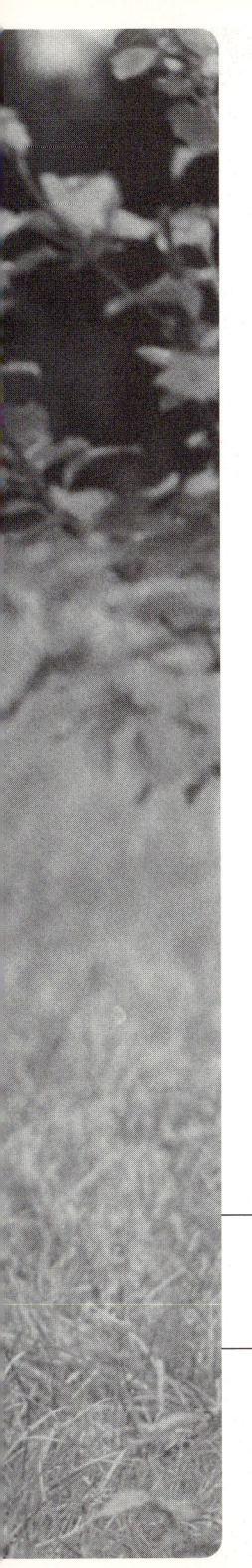

Übersichten

Drei Kinder so zu chauffieren, kann eine beachtliche Anstrengung für den Vater sein. Der besondere Spaß der Passagiere ist sein Lohn.

Gewicht und Größe

Die Bedeutung von Körpergewicht und Körpergröße sollte nicht überschätzt werden – lassen Sie sich also nicht beunruhigen, wenn Ihr Kind gesund ist, aber von den angegebenen Werten abweicht!

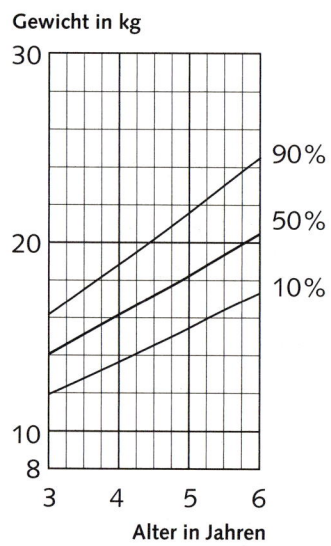

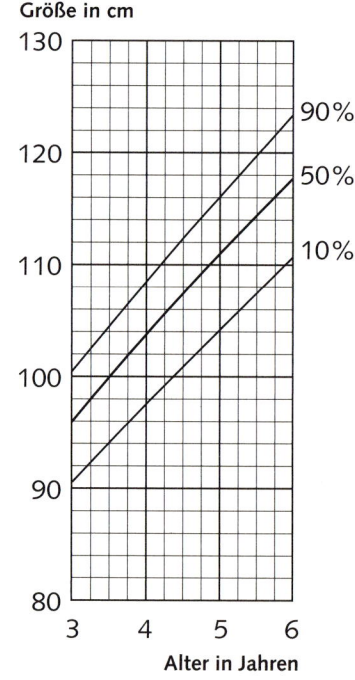

Wachstumskurven für Mädchen

Gewicht und Körpergröße sollten einander möglichst entsprechen. Die Abbildungen *(nach: Kinderarzt 10, 11: 1979, 1980)* zeigen die altersentsprechende Gewichts- und Größenverteilung mit Perzentilen (Prozentkurven) für jeweils 10, 50, und 90 Prozent aller Mädchen und Jungen.

Bitte lesen Sie die Perzentilangaben wie folgt: Wenn Ihr Kind mit seinen Körpermaßen genau dem Durchschnitt der Gleichaltrigen entspricht, liegen seine Werte auf der 50%-Linie; 50 Prozent der Kinder liegen dann mit ihren Werten darüber, 50 Prozent darunter. Lesen Sie die 10%- und die 90%-Linie entsprechend.

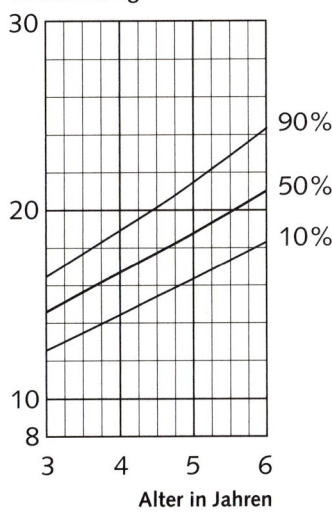

Gewicht in kg

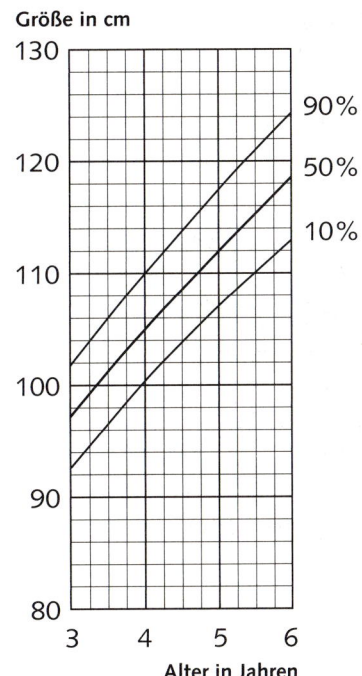

Größe in cm

Wachstumskurven für Jungen

Literatur

**Verwendete und weiterführende
Bücher**

Adam, D. und P. Stoll: Elternschule.
Baierbrunn 1990

Arbeitsausschuss Kinderspiel + Spielzeug e. V.: Das Spielzeugbuch.
22. Verzeichnis des spiel gut ausge-
zeichneten Spielzeugs. Ulm 1998

Arbeitsausschuss Kinderspiel + Spiel-
zeug e. V.: Gutes Spielzeug von A-Z.
Ratgeber für Spiel und Spielzeug.
Ulm 1997

Biddulph, S.: Das Geheimnis glück-
licher Kinder. München 1998

Bornhaupt, B. v. und K. Hurrelmann:
Kinder im Stress? Weinheim 1991

Brasch, Ch.: Der gute Ton für kleine
Rüpel – und entnervte Eltern.
Freiburg 1997

Brezinka, W.: Erziehungsziele in der
Gegenwart. Donauwörth 1984

Bundesministerium für Bildung und
Forschung (Hg.): Grund- und Struk-
turdaten 1998/99. Bonn 1998

Callenbach, E.: Billig leben mit Stil.
Hamburg 1995

Collange, Ch.: Die Wunschfamilie.
Düsseldorf 1995

Conrad, K. G.: Unsere Kinder – unsere
Zukunft. Zur gesellschaftlichen
Verantwortung von Familie und
Erziehung. Heidelberg 1998

Dauber, H.: Lernfelder der Zukunft.
Perspektiven humanistischer Pädagogik. Bad Heilbrunn 1997

Davidson, A. und R. Davidson: Lust
aufs Leben. Was Eltern ihren Kindern
mitgeben können. Reinbek 1998

Der Paritätische Wohlfahrtsverband
Bayern (Hg.): Soziales Netz Kinderbetreuung. München 1991

Deutsches Jugendinstitut e. V. (Hg.):
Was für Kinder. Aufwachsen in
Deutschland. Ein Handbuch.
München 1993

Düsseldorfer, E. (Hg.): Das große Buch
der Kinderspiele. Niedernhausen
1994/95

Einon, D.: Spielen – Lernen – Fördern.
München 1998

Elhardt, S.: Tiefenpsychologie. Stuttgart
1998

Endres, W.: Geschwister. Weinheim
1987

Engfer, A. u. a. (Hg.): Zeit für Kinder!
Kinder in Familie und Gesellschaft.
Weinheim 1991

Ernst A., V. Herbst, K. Langbein,
Ch. Skalnik (Hg.): Kursbuch Kinder.
Köln 1993

Erziehung für das 21. Jahrhundert.
Werte – Wissen – Fähigkeiten im In-
formationszeitalter. Würzburg 1999

Flitner, A.: Reform der Erziehung.
Impulse des 20. Jahrhunderts.
München 1999

Frankfurter Frauenschule e. V. (Hg.):
Geschlecht und Kindheit.
Königstein 1997

Freinet, C.: Pädagogische Werke, Teil 1.
Paderborn 1998

Fries, A. (1991): Persönlichkeitsmerkmale, Alter und Geschlecht als Faktoren von Einstellungen gegenüber
körperbehinderten Menschen.
Heilpädagogische Forschung 17, 3,
S. 140-154

Fthenakis, W. E. u. a.: Neue Konzepte
für Kindertageseinrichtungen: eine
empirische Studie zur Situations-
und Problemdefinition der beteiligten Interessengruppen. München
1996

Gewerkschaft Öffentliche Dienste,
Transport und Verkehr (Hg.): Mehr
für Kinder. Anstöße zur Reform der
öffentlichen Kinderbetreuung.
Stuttgart 1990

Giesecke, H.: Einführung in die
Pädagogik. Weinheim 1999

Göttlicher, B. und M. Pilger: Kinder am
Computer: Praxisbuch. 222 Ideen,
wie Eltern ihre Kinder am Computer
fördern können. München 1998

Gudjons, H.: Pädagogisches Grundwissen. Bad Heilbrunn 1999

Harnack, G.-A. v. und B. Koletzko
(Hg.): Kinderheilkunde. Berlin 1997

Hentig, H. v.: Bildung. Ein Essay.
München 1996

Hoehl, M. und P. Kullik (Hg.): Kinderkrankenpflege und Gesundheitsförderung. Stuttgart 1998

Hurrelmann, K. und G. Unverzagt:
Kinder stark machen für das Leben.
Herzenswärme, Freiräume und klare
Regeln. Freiburg 1999

Kaufmann-Huber, G.: Kinder brauchen
Rituale. Ein Leitfaden für Eltern und
Erziehende. Freiburg 1998

Keller, H.: Lehrbuch Entwicklungspsychologie. Bern 1998

Klöcker, M. u. U. Tworuschka (Hg.):
Miteinander – was sonst? Multikulturelle Gesellschaft im Brennpunkt.
Köln, Wien 1990

Kovacs, H. und S. Linder: Kinderkrankheiten erkennen und behandeln.
Ravensburg 1996

Largo, R. H.: Kinderjahre. Die Individualität des Kindes als erzieherische
Herausforderung. München 1999

Liebenow, H.: Konsequenz – Wie Eltern
lernen, was Kinder brauchen.
Reinbek 1999

Liebich, D.: Mit Kindern richtig reden.
Wirksam erzählen, ermahnen,
erklären. Freiburg 1998

Maget, F. u. a. (Hg.): Wie fest ist das
soziale Netz? München 1994

Merkens, H. v. und F. Schmidt (Hg.):
Sozialisation und Erziehung in ausländischen Familien in Deutschland.
Tutzing 1997

Mielke, U.: Schwierige Kinder besser
verstehen. Ursachen erkennen.
Vertrauen schaffen. Probleme lösen.
Augsburg 1998

Möcklinghoff-Vormweg, R. u. R. Strätz:
Natur und Kinderspiel. Köln 1991

Möller, W. u. Ch. Nix (Hg.): Kurzkommentar zum Kinder- und Jugendhilfegesetz. Weinheim 1991

Montessori, M.: Kinder sind anders.
München 1999

Müller-Kaldenberg, R.: Mütter mit
Beruf. Reinbek 1990

Nave-Herz, R. (Hg.): Wandel und Kontinuität der Familie in der Bundesrepublik Deutschland. Stuttgart 1988

Niesel, R.: Wendepunkt im Kinderleben. München 1994

Nitsch, C.: Bloß nicht alles richtig machen. Vom partnerschaftlichen Umgang mit Kindern. Reinbek 1998

Nitsch, C.: Babys liebevoll fördern. Wie die Eltern die Entwicklung ihres Kindes spielerisch unterstützen. München 1999

Oerter, R. und L. Montada (Hg.): Entwicklungspsychologie. München, Weinheim 1995

Pacher, W.: Wenn Kinder keine Grenzen kennen. Konflikte lösen ohne Machtanwendung. Freiburg 1999

Petermann, F. (Hg.): Lehrbuch der klinischen Kinderpsychologie. Erklärungsansätze und Interventionsverfahren. Göttingen 1998

Petersen, G.: Kinder unter 3 Jahren in Tageseinrichtungen. Band 1: Grundfragen der pädagogischen Arbeit in altersgemischten Gruppen. Köln 1988

Pfaffenberger, R. und M. Schattanik: Kindererziehung im Alltag leichter gemacht. Ein Praxisbuch für Eltern und ErzieherInnen: Erziehung durch Ermutigung. Oldenburg 1998

Pighin, G.: Kindern Werte geben – wann und wie? Halt und Orientierung als Lebensgrundlage. München 1998

Preuschoff, G.: Von 3 bis 6. Alltag mit Vorschulkindern. Köln 1997

Purves, L.: Die Kunst, (k)eine perfekte Familie zu sein. München 1996

Richter, H.-E.: Patient Familie. Entstehung, Struktur und Therapie von Konflikten in Ehe und Familie. Reinbek 1994

Robb, J. und H. Letts: Clevere Kids fallen nicht vom Himmel. Auch Lernen will gelernt sein. München 1998

Rolle, J. u. E. Kesberg: Medienwelt = Kinderwelt? Köln 1991

Rost, B. und A. Otten: Ernährung im Kindesalter. Stuttgart 1998

Schaare, J.: Erziehung zur Autonomie. Neuwied 1998

Schäfer, G. E.: Bildungsprozesse im Kindesalter. Weinheim 1995

Schneewind, K. A. u. a.: Familienpsychologie. Stuttgart 1991

Schoenebeck, H. v.: Unterstützen statt erziehen. Themensammlung. Münster 1997

Shapiro, L.: EQ für Kinder. Wie Eltern die Emotionale Intelligenz ihrer Kinder fördern können. München 1998

Sichtermann, B.: Vorsicht Kind. Eine Arbeitsplatzbeschreibung für Mütter, Väter und andere. Berlin 1998

Speck, O.: Chaos und Autonomie in der Erziehung. Erziehungsschwierigkeiten unter moralischem Aspekt. München 1997

Stadt Nürnberg (Hg.): Sozial-Atlas 91 / 92. Stadtwegweiser für Bürger und soziale Dienste. Nürnberg 1991

Statistisches Bundesamt (Hg.): Datenreport 7. Zahlen – Fakten über die Bundesrepublik Deutschland 1995 / 96. Landsberg am Lech 1997

Stein, A.: Wenn Kinder aggressiv sind. Wie wir verstehen und helfen können. München 1997

Tausch, R. und A. M. Tausch: Erziehungspsychologie. Begegnung von Person zu Person. Göttingen 1998

Textor, M. R.: Familien: Soziologie, Psychologie. Eine Einführung für soziale Berufe. Freiburg i. Breisgau 1991

Truchis, Ch. de: Wie Ihr Baby Vertrauen gewinnt – zu sich selbst und in die Welt. Freiburg 1997

Veith, P.: Eltern nehmen Kinder ernst. Die 7-Schritte-Methode zur Lösung von Familienkonflikten nach Rudolf Dreikurs. Freiburg 1998

Wendt, D.: Entwicklungspsychologie. Eine Einführung. Stuttgart 1997

Wild, R.: Kinder wissen, was sie brauchen. Freiburg 1998

Wisskirchen, H.: Die wieder entdeckte Erziehung. Kinder suchen Autorität und Orientierung. München 1997

York, U.: Nachschlagen statt Zuschlagen. Erziehungsfragen auf einen Blick. Reinbek 1997

Zimmer, R.: Handbuch der Sinneswahrnehmung. Grundlagen einer ganzheitlichen Erziehung. Freiburg 1998

Zimmer, K.: Wenn Eltern laufen lernen. Von der Säuglingspflege bis zur Lösung von Erziehungsproblemen. München 1998

Zimmer, R.: Handbuch der Bewegungserziehung. Freiburg 1996

Zeitschriften

Aktuelle Informationen zu Gesetzesänderungen, Neuerungen im Bereich Gesundheitswesen usw., aber auch weitere Entwicklungsanregungen sind unter anderem den letzten Jahrgängen folgender Zeitschriften zu entnehmen:

Spielen und Lernen. Beilage: spiel mit. Für alle Kinder, die gern spielen und lernen. Velber Verlag GmbH (Hg.)

ELTERN. Gruner & Jahr (Hg.)

Kinderzeit. Sozialpädagogische Blätter. Pestalozzi-Fröbel-Verband und B & B GmbH. Paderborn

Kindergarten heute. Zeitschrift für Erziehung im Vorschulalter. Verlag Herder GmbH & Co. KG (Hg.)

klein & groß. Lebensorte für Kinder. Die Fachzeitschrift für Erzieherinnen und sozialpädagogische Fachkräfte. Hermann Luchterhand Verlag GmbH. Neuwied

Unsere Kinder. Fachzeitschrift für Kindergarten- und Kleinkindpädagogik. Österreichische Caritaszentrale (Hg.)

Informationen der Bundesregierung und der Bundesministerien

Bei den Pressestellen des Bundes und der Ministerien gibt es eine große Anzahl von Broschüren, Faltblättern usw., die Kinder und Eltern betreffen. Diese Informationen sind weitgehend kostenlos erhältlich (einige Monate vor Wahlen dürfen die meisten Broschüren nicht mehr abgegeben werden, weil sie als Werbung für die regierenden Parteien aufgefasst werden könnten). Schreiben Sie an das entsprechende Ministerium und lassen Sie sich von dort eine Bestellliste der Broschüren zusenden.

Bei den öffentlichen Dienststellen, im Jugendamt, im Finanzamt usw. können Sie auch oft einzelne Broschüren bekommen. Einige Beispiele sind im Folgenden genannt:

Bundesministerium für Familie,
Senioren, Frauen und Jugend,
10117 Berlin, Taubenstr. 42,
Tel. 030 – 206550 für allgemeine
Anfragen; Broschürendienst in Bonn:
Tel. 0180 – 5329329,
Fax 0228 – 9304976

– Staatliche Hilfen für Familien (sehr
  guter Überblick!)
– Eltern werden aktiv
– Mutig fragen – besonnen handeln
– Der Unterhaltsvorschuss
– Tipps und Informationen für Allein-
  erziehende
– Rückkehr in den Beruf

Bundeszentrale für gesundheitliche
Aufklärung, BZgA, 51101 Köln,
Tel. 0221 – 89920 für allgemeine
Anfragen; Broschürenbestellung über
E-Mail: order@bzga.de oder über
Fax 0221 – 8992257

– Kinderspiele
– Unsere Kinder
– Sicherheitsfibel. Ratgeber für Eltern
  zur Verhütung von Kinderunfällen
– Entwicklungskalender
– Gesundheitskalender
– Impfkalender
– Kopfläuse … Was tun?
– Prävention von Allergien bei
  Kindern
– Zu viel für die Ohren? Vom schüt-
  zenden Umgang mit Lärm

Bundesministerium der Justiz,
10117 Berlin, Mohrenstr. 37,
Tel. 030 – 202570; Broschürenstelle
für Anfragen und Bestellungen:
Tel. 030 – 20259033,
Fax 030 – 20259047 und
E-Mail: Foerster-ma@bmj.bund.de

– Das neue Kindschaftsrecht
– Eherecht
– Betreuungsrecht
– Kinder suchen Eltern, Eltern suchen
  Kinder
– Mehr Schutz bei häuslicher Gewalt
– Erben und Vererben

Bildquellen

Berger, Stella S. 7, 20/21, 30/31, 33, 43, 57, 73, 91, 108, 114, 115, 116, 117, 128, 131, 139, 148, 150, 171, 189, 192, 195

Fiebig, Jochen S. 1, 15, 22, 25, 28, 79, 84, 105, 110, 113, 159, 211, 216

Diekmeyer, Ulrich S. 6, 7, 10/11, 14, 23, 26, 34, 35, 36, 49, 51, 52, 59, 70, 72, 83, 89, 100/101, 109, 122, 123, 126, 136, 138, 144, 154, 161, 167, 169, 176, 179, 183, 188, 196, 199, 206, 207, 213, 220/221, 235, 236

Pfeiffer, Gerd S. 46/47, 94, 238/239

Die Firma Treffpunkt Wagner, Papeterie – Büro – Geschenke – Spiel, Olching bei München, Hauptstr. 20, hat uns freundlicherweise Artikel für Fotos leihweise zur Verfügung gestellt.

Register

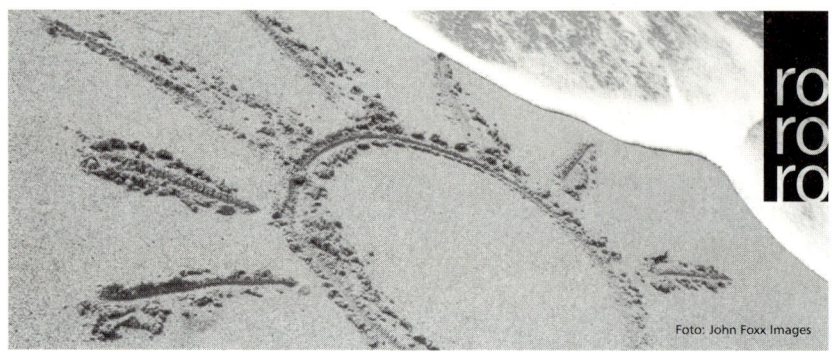

Foto: John Foxx Images

mit kindern leben – Kid Wellness

Kompetente Ratschläge, Tipps und Antworten zu Wohlbefinden, Entspannung und Bewegung

Schon Kinder haben Ängste, Stress, Schlafstörungen, Konzentrationsprobleme… Viel Information, ein erprobter Entspannungskurs in zehn Stunden und Geschichten auf einer Audio CD von dem Diplompsychologen-Autorenteam Friedrich/Friebel.

Dr. Volker Friebel / Sabine Friedrich
Entspannung für Kinder
3-499-61700-5

Musik und Bewegung sind Trumpf bei Kindern! Hier sind 40 Lieder mit Noten – Hilfe für Erwachsene, mit Lust und Laune Bewegung anzuregen und umzusetzen.

Wolfgang Hering
Bewegungslieder für Kinder
Spielideen, Hüpflieder, Action-Songs
3-499-61701-3

3-499-61700-5

3-499-61701-3

S1/1a